신앙산문
김성호

내
안에
존
재

사람은 자의(自意)적 의욕이 강하다. 그런 사람은 길이 없으면 터널을 뚫어서라도 다닐 길을 만들어낸다.

-차례-

책의 정신	05
나보다 더 나인 창조의 영	09
공생의 기적	17
시인의 고동	28
자연의 말	35
우리의 자화상	46
하나씩의 생명	55
향기가 독의 고통이 되었구나.	59
짐승의 혼은 아래로	65
선인과 악인의 차이	73
경험은 산 증언	80
사람 사는 맛	87
인격의 뿌리	94
선행의 종교인들	100
친절한 그녀	104
내 안에 존재	107
일은 신앙의 기둥	111
어르신들	114
짧은 네 이야기	120

들어가는 말

에덴동산에서 쫓겨난 아담 이후로 인류는 각종 죄악들에 길들여 살아왔다. 그 악동의 모양새들을 같은 피조물로서는 씻어낼 자 아무도 없었다. 현인들의 사리분별을 갖춘 삶의 철학도, 영특한 그 어떤 신비의 종교도, 사랑의 용서는 말할지언정 인간성 회복은 선도할 수 없었다. 참 빛이 아닌 땅의 소산물을 먹는 그림자 육체로서는 신의 절대적 고유권한인 영혼구원의 문제만큼은 어떻게든 손을 댈 수가 없었다. 그러므로 오늘날까지 미봉 되지 않은 숙제로 남겨지게 되었다.

천하보다 귀한 한 생명을 보듬어 주기는커녕 끝없는 갈등만을 야기하는 이 문제를 해결하신 분이 십자가로 인류의 죄를 짊어지지 예수 그리스도이시다. 생명구원의 주체이신 그 분은 우리에게 하늘을 향한 믿음의 지혜를 깨우쳐 주셨다.

성미출판사편집부

책의 정신

　　　　　　독서는 앎의 지경을 넓혀준다. 독서는 인격을 성숙시킨다. 기독교역사에서 사도바울은 독서 열독인 중에 한명이었다.

　전문적으로 기독교사상을 소개하는 일을 사명으로 삼고, 자나 깨나 하나님의 현존연구에 몰두해 있는 저술가들의 참고소재는 단연 성경이다. 그들은 성경시대 이전의 직접적 원인까지 파고드는 신학적 경향이 매우 강하다. 기독교인들이 구원의 안내서, 또는 지침 참고서로 인정하며 믿는 성경의 본고향은 유대 이스라엘이다(하드리아누스 황제14대 재위:AD117~138 유대지역 명칭을 없애고 팔레스타인이라 부름). 재난과 멸망한 나라에서의 추방 등의 눈물겨운 파고를 끊임없이 겪은 유대민족이 오늘날까지 신앙의 정체성을 잃지 않고 있는 힘의 저력은, 목숨을 걸고 성경을 지켜왔기 때문이다. 그들은 생과 사(삼상2:6)를 주관하시는 하나님과의 언약은 허설이나 실언이 아닌, 현질적인 역사와의 연대이기에 떼려야 뗄 수 없다는 갈망의 운명론을 굳게 믿는다.

그들은 한마디로 책의 민족이다. 선대들이 남긴 탈무드, 또는 유대교를 철학적으로 해석한 『쿠자리, 예후다 할레비(랍비, 의사, 시인)』 등을 탐구하며, 환경에 굴하지 않는 열과 정심의 바탕인 의식과 정신적 질을 높이 지켜왔다.

영혼구원과의 직결은 분명하나, 그 목적에만 오로지 매달려 이 땅의 생활을 도외시하는 태도는 신앙인의 참된 극기는 아니다. 나만의 세계를 추구하는 편협성이 강해질 뿐이다. 얽매이는 속박을 우겨다짐으로 진리라 한다면, 그는 진정한 삶을 사는 것이 아니다. 진리는 속박을 풀어 주는 자유일 때 빛으로 나타난다(요8:32).

성경은 운명으로 이끄는 지혜의 경전이다. 사람의 기분감정은 일편하지 않다. 아침때가 다르고, 한낮 때가 다르고, 하루 일과정리에 들어가는 저녁시간의 감상도 다르다. 이 바탕에서 성경을 읽는 시각도 제각기 다르다. 기분상태가 쾌활하다면 언어를 쓰는 표정은 밝고, 그 글 또한 승리-평화-감사 같은 단어를 즐겨 쓴다. 반대로 그날의 기분상태가 저기압으로 흐리다면, 그 표현력은 공허, 힘든 고통, 성가신 불만 등을 표면으로 그대로 나타낸다. 긍정적인 사고는 누구나 바란다. 그러노라면 항시 마음이 안정되어 있어야 한다. 그러나 시간에 쫓기는 분주는 안정과는 거리가 멀다.

상상력이 풍부한 사람은 시시때때로 들었을 뿐, 한 번도 뵌 적이 없는 그 하나님의 현상을 지성으로 밝혀내는 논리적 지각이 남달리 탁월하다. 잠깐 스쳐본 사물 너머의 이상세계를 내다보며, 장차 도적 같이 임할 예수 재림을 두 눈으로 똑똑히 볼 소망 잃지 말라는 설득력이 가히 천재적이다. '신성한 의지가 자연의 힘을 압도할 때 기적이 일어난다.' 주장을 대표적 사례로 꼽을 수 있겠다.

　성경은 영적통찰력이 뛰어난 예언자들이 각기 목격-체험한 나만의 하나님을 시대별 색인으로 기록한 책이다. 예언은 현실로 나타난 기적과 일치할 때, 썩지 않는 믿음으로 살아난다. '예언은 언제든지 사람의 뜻으로 낸 것이 아니요, 오직 성령의 감동하심을 받은 사람들이 하나님께 받아 말한 것임이라(벧후1:21).'

　어둠을 물리치고 솟아오른 동창의 둥근 태양이 가슴 안으로 밀려든다. 영원한 희열의 온기이며, 성스러운 느낌마저 품게 하는 태고의 아름다움이여, 맑게 빈 영혼이여, 두 팔로 얼싸안고 싶은 희망의 등불이여, 운수예감이 썩 좋은 첫 시간부터 뜨거워 목이 타는 갈증 식혀 주소서. 만물의 수호신이시여, 상호 선의로 맺어진 그 만물을 수만 겹 사랑으로 어루만지시며, 백성들이 외치는 그 감사 찬양을 두 귀 열어 들으시는 보좌에서 일어나사 흠향으로 받으소서. 전능의 아버지시여, 대지의 새날 아침을 독수리날개로 축복하소서.

기름을 채운 뿔 병을 갖고 베들레헴에 도착한 사무엘. 이새의 여덟 명의 아들 중 막내 다윗에게 그 기름을 부어 버린바 된 사울에 이어 왕으로 선택되는 큰 감동을 불러일으킨다.

나보다 더 나인 창조의 영

　　　　　　태양 빛에 붉게 물든 흰 구름, 넓고 높은 상공으로 두둥실 퍼져 나간다. 들판식물들 생기를 얻고, 습지안개 꾸물꾸물 풀려 오르면서 어부가 생선을 구워 먹고 남긴 모닥불을 끈다.

　하나님의 가상 현현인 낯선 별과 함께 예루살렘에 이른 삼인의 동방박사. 아무도, 아무도 인지하지 못한 성스러운 기운을 안고 마을을 찾은 예언자들. 기만이 날뛰게 된 헤롯, 누리고 있는 부귀영화 무너질세라 하나님의 아들이 장차 세워나갈 민생질서 두려워 서둘러 삼인의 동방박사를 왕국으로 불러들인다. 대접이 융숭하다. 삼인의 그 취기를 이용해 이스라엘의 목자가 될 아기의 출처를 캐 묻는다.

　도심 내에서 임시거처를 얻지 못해 도리 없이 물러나온 두 부부가 여정을 푼 베들레헴 가축 마구간, 갓난아기를 안은 어머니와 정혼한 남편이 삼인의 손님을 맞는다. 삼인은 말씀이 육신이 되신 아기예수께 엎드린 경배 후 황금, 유향, 몰약을 예물로 드렸다.

　아담 이후 인류는 각종 죄질들에 길들여 살아왔다. 그 악습의 모양새들을 주도적으로 심판할 자 아무도 없었다. 사리분별을 갖춘 현명한 현인들의 철악도, 영특한 그 어떤 신비의 종교도 사랑의 용서는 말할지언정, 유사의 인간성회복은 정착시키지 못했다. 땅의 소산물을 먹는 그림자 육체로서는 영혼구원의 문제만큼은, 주어진 영역이 아니라 역사를 일으킬 수 없었다.

　우리는 사람을 알아보지 못하여 여러 모양의 낭패를 곧잘 겪는다. 하나님께서는 믿음으로 관계가 돈독해진 우리에게 축복을 내리셨다. 훨훨 날듯이 가벼워진 발걸음. 자유로운 눈질로 천지를 둘러본다. 한량없이 넘치는 고운향기의 시선이 위로 쳐들린다. 한뜻으로 동화된 마음이 마음을 향해 자애로운 미소를 짓는다. 그 소소한 자비로운 행복이 꺾이지 않도록 보호하는 의지를 드높여준다.

　아름답게 즐거운 시간....신선하게 감미로운 엄청난 변화! 성심으로 하나 된 모두는 은혜를 나누는 입에 입을 맞춘다. 우리들 둘레에서 보이지 않는 장난기 많은 소녀는 어디 갔는가?

　나는 가리. 문 열고 들어선 성전제단을 마주보며 기도와 찬양을 올린다. 경건에 젖은 신령을 모아 성경을 읽으며 나의 힘이 되신 주님께로 의향의 초점을 맞춘다. 빌려서 지니고 있는 기한이 고양으로 드높여진다. "내 품에 머물러라." 하시며 끌어안고 반겨 맞아 주시는 전능자의 영롱한 눈빛, 아늑하게 평안하다. 눈에서 심장을 거쳐 신성의 명예를 입는다.

승전기가 나부낀다. 그들 앞에 지고의 모습을 드러내신 지상의 왕. 멸망으로 견인하는 사탄을 물리치시고, 인류의 머리 위에 앉으신 예수 그리스도. 검은 무덤 속에 묻힌 마른 뼈들이 울부짖는 아우성이 대기를 뚫는다. 그 한편으로 도무지 회개하지 않는 육신들을 불의 연기와 유황이 뜨거운 지옥으로 내려 보내신 구세주. 하나님의 아들을 믿지 않는 심판으로 구원의 반열에 오르지 못 하고, 목이 타는 절규의 신음으로 나날을 보내는 그들의 끊임없는 분노의 혼돈으로 펄펄 끓는 지옥은, 무너질 듯이 귓전이 시끄럽다. 포도주 취기로 마음껏 놀고먹은 옛 전성기 유락을 추억하며, 잠자리 편치 못한 고통을 견디는 그들도 다행히 보는 눈은 있다.

'형제자매들이여, 개들과 점술가들과 우상 숭배자들과 및 거짓말을 좋아하며 지어내는 자는 다 성 밖에 있으리라(계22:15).'

연 가슴 쳐들어 개울물안개로 몸을 적시는 덤불숲 바라본다. 신선 머금은 잠깐의 웃음에선 하나님께 의지 둔 선량 미 실려 있으나, 근육 상태가 좋지 않은 들뜬 행동은 방자하기 그지없다. 분수를 잃은 못돼먹은 자의 손길에서 헤쳐지는 덤불숲에서 한 쌍의 비둘기가 잽싸게 탈출한다. 보금자리를 빼앗긴 것이다. 그렇게 천연의 본 모습은 짓밟히며 망가졌다.

신앙의 진정한 보루는 분수를 지키는 교양인 데,

저 입술에서 불리는 하나님찬양은 욕될 뿐이다. 주절주절 외어대는 성경 몇 구절 인용 왜 저리도 성분 없이 메마르게 척박한지. 그토록 어울려 지낸 세상 사람들에게서 배워 물든 장사이득만을 좇았던 사고방식이 참으로 불경하기 짝이 없구나. 모르고 놀려대는 입정-무조건 집어삼키려 만드는 맹수와 하등 다를 바 없구나. 하나님께서 구슬리려 부르시나, 그는 알아듣지를 못하고 등을 돌려 떠나버린다.

관리하는 수호신 없이는 끝없이 광활한 우주공간의 존속은 불가능하다는 생각을 가끔 떠올리면서....그 너머에서 인류를 굽어 살피시는 무 형체 하나님의 모습을 그려보곤 한다. 지구는 우주공간의 한 거점이다. 쉬지 않고 날마다 공전하는 지구는 낮에는 태양, 밤에는 수많은 별들과 달의 이슬은 식물들의 목을 축여 주면서 푸른 공기를 베푼다. 그 영향은 이끄는 방향이 딱히 없어 어느 때든 충돌이 농후하나, 그 운영은 놀랍게도 한 치의 오차나 변칙-반칙 없이 언제나 질서정연하다. 그 우주의 법칙과 달리, 지구는 땅을 가르는 지진과 홍수의 범람과 태풍 따위의 난류(亂流) 판 재해로 뒤죽박죽 무질서에 빠져드는 경우가 잦다.

이 지구상에는 70~80억 인구가 살고 있다. 그 인류와 삼라만상을 주관하시는 하나님과 화해 성 연대를 맺어주는 대상은, 잡음 없이 공기 맑은 산과 바위굴 등에서 깨어 기도하는 신앙인들이다.

신심의 깊이에 따라 하나님의 대변인 역할을 맡은 신앙인들은, 취해 아무렇게나 떠드는 방탕 자들과는 비견 상대가 안 될 정도로, 가파른 절벽을 무릎으로 기어오르는 질고의 역경을 많이 겪는다. 왜 그럴까? 펄펄 끓는 용광로 불길이 무쇠를 녹여 밭을 일구는 농기구를 생산해내듯이, 사명을 입은 시험의 고난도 단련을 견뎌야하기 때문이다. 사납게 덤벼드는 외세의 악업을 더 강한 영적의 힘으로 극복하고 물리친 그들에게는, 지상물질의 상과는 비교할 수 없는 하늘의 영원한 큰 상이 예비 되어 있다. 그 과정에서 찢긴 심금의 내상과 살피가 찢기는 고통을 견디는 중에 입은 상처에 대한 보은이다.

현대를 살아가는 사람들의 정신적 메마름은, 하나님의 인식력이 식어졌기 때문이다. 좀 더 구체적으로 그분의 침묵이 길고 이상의 모습이 안 보일 때, 인간의 인간은 좌절에 잠겨든다. 이럴 경우 의지의 척도에 따라 누구는 이방 신(神)임을 구분하지 않고, 금송아지(출32:4) 우상 앞에 절을 할 것이고, 누구는 신령하다는 무당을 찾아 미래의 궁금증을 풀려할 것이다.

자신의 욕망에 부단히 쫓기는 조급한 자는 돌부리에 걸려 넘어진다. 문제는, 그것을 미처 내다보지 못한 자신의 잘못을 꾸짖지 않고, 재수가 없어 코가 깨졌다는 상대 비난이다.

갓 피어난 여린 생명 이리 흔들 저리 기웃 철없이

불안하나, 코를 뾰족이 쳐든 생동은 발랄하다. 누구로부터 소중한 선물을 받았는지, 영혼의 순수가 해밝게 곱다. 부풀어 오른 가슴에선 수수께끼를 머금은 신비가 내뿜어진다. 입술은 자연의 원천에서 솟는 샘물 같고, 손가락 끝에는 충분히 쉰 예술 같은 힘찬 아침이 들려있다.

누구일까? 저 영혼에 자신을 몰아대지 않는 참신한 사랑을 내리신 이는-나보다 더 나인 대상에게 영혼을 기울여 바라보는 천상의 눈길에 행복을 가득 담게 한 창조의 영은...?

종교적 신념은 형이상학적이다. 인간의 과학적 능력으로는 도무지 해결할 수 없다며 포기내린 상태에서, 하나님께서는 능히 할 수 있다는 상승기류를 띄우는 것이 곧 형이상학적이다. '바라는 것들의 실상은 믿음의 힘에서만이 체험할 수 있는 증거이다(히11:1).'

의술이 치료하지 못 하는 병이 보이지 않는 영의 손길에 의해 신비롭게 치유된다. 또는, 병마의 고통에서 울고 있을 때 까맣게 잊었던 어떤 사람으로부터, "가장 힘들고 어려웠던 시절에 당신께서 아무런 대가 없이 베푼 선의의 은덕으로 오늘날의 성공 틀을 다지게 됐습니다."하며 감사를 표한 건은, 진정 새 힘을 얻게 된 신앙의 기적이 아닐 수 없다.

그대 지금 현재 마음으로 무엇을 쌓고 있는가? '선한 사람은 그 쌓은 선에서 선한 것을 내고, 악한 사

람은 그 쌓은 악에서 악한 것을 내느니라(마12:35).'

밤은 밤대로 식물의 신원을 가리고 있다. 달이라도 떴다면 핑크색인지 크림색인지 그나마 분별할 수 있겠으나, 몹시 더운 여름밤은 달을 띄우지 않았다. 영혼의 접근을 금하고 있다.

나는 지금 자고 있는가, 깨어있는 걸까

벌써 여러 날 고립에 갇힌 진땀을 빼고 있다. 경지에 오른 성공자의 본보기 삼아 마음을 그러모은 정신머리 들어 하늘을 올려다보나, 눈이 가려져 아무것도 보이지 않는다. 나로써 다진 중심적 사고가 아니라 그러한지, 남 흉내를 내는 모방은 진도는커녕 발이 묶이는 경우가 잦음을 새삼 깨닫는다. 무얼 하고 있는지조차도 잘 모를 지경이라, 비비꼬인 몸을 풀려는 뒤척거림이 유일한 낙이다. 좋은 의도라 할지라도 꿈의 크기는 오지항아리에 불과함도 정신머리를 일깨운다.

모든 연식을 동원하여 경력을 쌓았는데도 불구하고, 아무런 보상이 없다면 심경은 체념에 빠져들 수밖에 없다. 이젠 나로써 나의 생을 세워보겠다는 의지도 퍽이나 약해졌다. 다만, 걱정거리 잊게 하는 경건의 신앙에 일념을 내걸었던 옛 시절을 아련히 그려볼 뿐이다. 사춘기 때부터 좌우로 치우치지 않도록 바른길로 인도하며, 그 덕분에 인성의 무게를 갖춘 체질자로서 자리 잡게 한 그 시절의 신앙훈련을 되돌아보면서 깨달은 한 가지는, 경건은 영혼을 살리는 무한한 힘이라는 것이다. 아무것도 안 하는 거 같아도 창조적 흐름을 체험했었다. 있지도 않는 모사를 나의 지식이라 억지를 부릴수록, 참된 진실과 멀어진다는 점도 동시에 터득하기도 하였다.

공생의 기적

살아생전에 천하를 호령하는 왕이었다 할지라도, 행적이 끊기면 흙무덤에 묻혀 더는 세상을 볼 수 없게 된다. 세월이 멀어갈수록 세상은 그 존재를 기억에서 차츰 지워나간다. 관심 있는 소수의 후세들만은 서기관들이 그때그때 기록으로 남긴 그의 어록-족적자료를 들춰보며 그에 맞춰 기릴 것이다.

21세기 전의 인물이 오늘날까지도 인류 속에서 살아 숨 쉬고 있는 맥박은, 기골 찬 힘줄이 아니면 불가능한 불멸의 기적이다. 인류는 왜 33세의 나이에 인류의 죄를 짊어지고, 십자가에서 돌아가신 후 사흘 만에 부활하신 그를 역사적 인물로만 보지 않고, 여전한 현존의 인물로 생동하는 구세주로 믿고 구원을 바라는 기도를 올리는 걸까? 회전하는 그림자도 비치지 않는 절대적 영이시기 때문이다.

한 밀알의 희생은 이처럼 그의 공생을 이어받은 시대별 믿음 자들의 변치 않는 복음전도의 전파를 통해 끊임없이 사랑의 평화가 펼쳐지고 있다. 공생 때처럼 대상을 초월한 기적을 발휘한다는 것은, 그만큼 구속하심의 영향력이 광활하게 넓다는 뜻이리. 미움의 살생을 크게 뛰어넘은 인간들의 온갖 죄악들이 그치지 않는 이상, 그의 바람 같은 오순절 사역은 언제까지나 영속으로 이어질 것이다.

　인간으로서는 감히 오를 수 없는 높고도 높은 하늘의 신성(神聖)을 향해, 이름 모를 한 송이 꽃 고개 숙여 아무도 모르게 피어있다. 쉽사리 꺾일 것 같은 가녀린 몸매이나 심지가 곧은 용골이 돋보인다. 기개를 편 알록달록 햇살은 온순하다. 모든 공기를 흡수하고 있다. 돌변으로 몰아친 세찬 비를 움츠리며 피하나 소용이 없다. 깊어진 수심에 푹 감긴 모습 가엾기 그지없다. 그 속에서도 저장해둔 두뇌의 기억으로, 야곱의 사다리를 타고 오르는 간원을 멈추지 않고 성스럽게 유지하며 있다.

　어떤 장소든 그날 하루를 기념할만한 아름다운 순간은 있기 마련이다. 딛고 선 땅이 꺼지며 어둠은 더 짙게 가라앉는다. 빛을 찾는 의지로 주위를 둘러본다. 흰 파도의 물살이 사면을 둘러싸고 있다. 그 가운데서 누군가의 인자한 눈빛이 지켜보고 있는 것을 발견한다. 순간, 저민 가슴과는 떼려야 뗄 수 없는 꽃잎이 하얘지면서 그 품안으로 스러진다. 영혼의 불안이 사라졌다. 현(絃)은 다른 현의 음률과 어울리는 묘음(妙音)을 내고, 사랑을 받고 있다는 생각으로 행복한 미소를 머금은 나의 믿음.

　내 가슴-내 품안에는 하나님의 왕국이 있지. 세상근심 다 잊은 사랑어린 관심이 항시 내게로 머물러 있어 두려움 따위 느낄 여력이 없지. 행복하냐고...? 생각하기 나름이지만 가장 무서운 파멸은 사명을 등한시하는 나태이지. 척추의 골수-엄지발가락 속까지 아픈데 없이 건강으로 꽉 차이겐, 때로는 더위 먹어 지친 몸처럼 비틀거리게 하더라고....약해졌다, 강해졌다 온도차 인식능력의 생활이 고르지 않아 고민이 크긴 해. 그래서 하는 말인 데, 하나님의 사랑을 늘 신선하게 만끽하려면 땀 흠뻑 흘린 노동 끝 잠이 달콤하듯이, 스스로 흙덩이 부스는 밭갈이에 부지런을 떨어야 한다는 걸세. 체력이 쇠해질 수 없는 비법이기도 하지. 참, 또 한 가지, 성욕이 태아의 잉태이듯이, 이성의 입맞춤으로 하나님을 바라봐야 한다는 거야. 사랑에 빠져보라는 얘기야. 그럼, 그대도 감수성이 예민한 시인이 될 수 있지.

예술가들은 이상(理想) 세계를 그려내는 창조자들이다. 무(無)의 암흑을 살아 숨 쉬는 유(有)의 세계로 융성해 낸다. 한 번도 믿음을 준 적이 없었던 순간 포착의 사물을 보통 사람이라면 무심히 지나치나, 예술인들은 허황된 비현실을 실상의 생명체로 살려내는 기술력투영이 남달리 탁월하다. 그렇다고 그들은 천지를 창조하신 하나님은 아니다. 그들도 여느 인간들처럼 소상(卋喪)의 장식과 결합되어 있다.

믿음은 관계의 시발이다. 그 생물적 관계가 영속으로 깊어지면 가르치는 지식적 대상이 아니라, 평등한 눈빛 교환만으로도 그 이면의 뜻에 공감한다는 고개를 끄덕인다. 기대치 이상의 새로운 만족보다 변하지 않는-가치존중을 인정하는 연동의 수긍이다. 그러나 그 복판에는 너무나 익숙해진 방심이 들어있다. 일정한 거리를 두고 있지 않아, 올바른 보수정신을 잃게 하는 경우가 발생할 수 있는 요인이다.

흘려 넘겨도 괜찮다 싶은, 아무렇지도 않는 사소한 일에서부터 우리는 부침을 둔 기쁨과, 이롭지 않아 수용이 불가하다는 심기불편의 시험에 드는 슬픔감정에 쉬 젖어 든다. 하나가 다수일 수 있고, 다수가 하나일 수 있는 게 공동체이다. 이편에서는 진리이나, 이해가 다른 저편에서는 오류일 수 있는 게 인간사이다. 익숙하지 않다고 나쁜 것은 아니고, 친숙하지 않다고 잘못된 것은 아니다. 또한, 지금의 말이 성서의 기록 내용이 아니라고 틀린 것은 아니다. 엠마오로 가는 길은 부활하신 주님과의 동행이었다.

믿음은 외적인 근심거리에서 벗어났을 때, 비로소 안정이 자리를 잡는다. 영구하지 못한 계획에 너무 집착하지 않고, 성령이 인도하는 대로 현 상황에 적응하면서, 몸과 마음에 해를 끼치는 난파 같은 역경을 심각하게 받아들이지 않고, 유연하게 대처하는 것이 신앙의 기본이다. 남의 눈치나 보며 움직이는 척 하는 행동은 본연의 자신이 아닌 감정의 위선이다. 침착한 태도에서 심령을 안정시키는 언행이 나오고, 절대로 잃지 않겠다는 사력의 움킴보다 대수롭지 않다는 가벼운 웃음이 신앙인다운 여유이다. 자신을 좋아하고, 자신의 믿음을 신뢰하고, 자신을 존중하는 힘은 자신을 쓰다듬는 데서 확립된다.

영적기적은 육신을 입은 인간의 영역이 아니므로 설명이 쉽지 않다. 하나님의 불가사의한 권한이기 때문이다.

날마다 새로울 수는 없다. 날마다 새순을 틔울 수는 없다. 사모에 불타는 이내 가슴, 뭔가를 잃었다 싶은 허전감에 옥좨진다. 사랑은 활짝 핀 젊음의 자유가 아님을 깨닫는다. 황금빛 꿈은 잠에서 깨며 사라진다. 그러나 잠결에서도 호흡의 삶은 숨 쉼을 멈추지 않는다.

삶의 단꿈이 물거품이 된 걸까. 사기를 끌어올려 탈출을 시도해 봐도, 숨통 끊으려는 마법에 걸리기라도 했는지, 고갈된 영혼의 숨결 고루지 못 하다. 고독한 우울감에 잠겨든다. 달래 보는 눈물이 앞 보이지 않게 시야를 가린다. 갑갑한 시름에 잠겨있는 사이 신경핏줄을 끊으려는 훼방꾼, 내편에서 외친 "어쩌나!

사랑아, 사랑아. 나의 심상(心傷) 거둬다오." 한마디에 저 멀리 도망친다.

그는 마법의 힘을 갖고 있는 걸까. 그저 뒤만 따르는 내 꼴 맥없이 실해 보인다. 짓눌려 부서진 나의 진심한 체면에 그가 돌아본다. 손짓해 부르며 기다려 준다. 부릉부릉 달려가 두 어깨 힘줄 늠름하게 강하며 한없이 넓은 그 품에 뛰어든다. 번쩍 들어 안는 체온을 느낀다. 뜨거운 포옹, 헛된 짓은 아니었다. 이전보다 더 푸른 오월의 젊음으로 태어난 새 생명의 태양. 알알이 여문 풍성한 나무열매! 황홀한 희열, 영원히 시들지 않는 하늘의 동산이기를....

나는 가던 내 길을 돌이켜 주님께로 되돌아간다. 나를 부인하며 따른 그대 사랑, 나의 희망으로 되돌아온다. 어딘가에 계실 그대를 찾는 발걸음, 성스러운 행복을 채워서 돌아왔다. 그 넘치는 애정에 걸핏하면 속아주는 척, 아닌 진짜 바보가 되기도 했었다.

깊은 골짝의 백합향기로 몸을 씻는다. 드물게 듣는 가파른 기암절벽 목청 울리며 천지를 뒤 흔든다. 구름에 덮인 고산, 그 일부 미끄럼타고 아래로 내려와 수정(水淨) 흐르는 골짜기 숨긴다.

고목나무 누여진 땅속에서 한 사람이 솟아오른다. 신접한 엔돌 여인이 불러올린 옛 선지자 사무엘이다.

왕직의 권한으로 선을 넘은 불순종 죄과로 벌벌 떠는 사울이 그 앞에 엎드려 읍소를 한다. 하나님의 음성을 듣지 못 하는, 막힌 귀를 열어달라는 부탁이다.

"너를 떠나 네 대적이 되셨거늘…네 손에서 나라를 떼어 다윗에게 주셨느니라.(삼상28:16~17)" 이어, "너와 네 아들들이 한날한시에 죽을 것"이라는 예보를 듣는 사울. 자신의 그림자 드리워진 땅에 납작 엎드려 떠는 진동에 다시금 솟대바위 요란하게 소동을 친다.

자신만을 위하는 이기심이 강하고, 온기 도는 인체 사랑이 깃든 집 파괴에 증오가 서린 바리새인은, 전통규례에 얽매인 형식주의자이다. 그는 그 뼈마디 골조로 한 공기를 들이마시는 땅의 사람들을 경시하며, 기름진 음식으로 배를 채운다. 밥그릇에 누군가가 초장을 뿌리려 한다면, "왜 식전에 손을 씻지 않느냐" 힐난하는 경계를 곧추세운다. 명성에 걸맞은 위선의 행습이다. 구원문제 해석을 율법으로만 풀면서, 물고기 비린내 들끓는 구질구질 고을에서 무슨 구세주가 나오겠냐는 비난을 목의 힘으로 쏟아낸다. 화장이 짙은 공공예절의 치장 얼굴. 사념을 평화로 위장한 무덤 속의 해골정신. 믿음의 기억에 맡긴 구원의 해방을 반으로 쪼개면서 지옥으로 이끄는 바리새인. 지성의 비대로 감각, 관대, 자비, 관용, 친절 등의 숨 쉴 공간이 거의 남아있지 않아, 혼자일 때 정작 자신의 구원 문제 앞에서 심각한 고민의 회의에 잠겨드는 재사(才士)꾼. 순수하지 못한 계산적 성질은, 우행(雨行)의 가면일 수밖에 없다는 한숨이 절로 새어 나온다.

늦은 밤, 생각에 잠긴 골짝. 덤불숲에서 깜박거리는 몇 마리 반딧불이. 나뭇가지 위를 기어오르는 벌레에게 장래 먹잇감 이야기 들려주지 못하고, 쫓기듯이 다른 곳으로 떠나버린다.

연속적인 한 방울의 낙수가 바위를 뚫는다했다. 흔들리는 위험한 요소 발견은 세심한 하나하나의 주의에서 바로잡아진다. 그 사물의 감정을 들여다보는 안목은 친숙한 유대에서 비롯된다. 진정한 관계는 회리바람의 혼란에서도 시선을 떼지 않고, 그 기운이 안착으로 가라앉을 때까지 꿰뚫어 지켜본다.

장마절기의 연일 비는 일상을 뒤죽박죽으로 바꿔놓기 일쑤이다. 집어삼킬 듯이 넘쳐흐르는 그 격랑에 크고 작은 수해사고를 입기도 하며, 인명손실도 적지 않게 발생된다. 지진, 화산 등도 자연의 무서움을 일깨워준다. 이런 위협적 현상들은 낮의 해, 밤의 별들과 달이 한 치의 오차도 없이 질서정연하게 운영되는 우주와는 아주 상반이다. 또한, 바다의 조류가 달의 인력으로 밀물썰물의 날짜와 시간을 규칙하게 맞추는 것도 신비할 따름이다. 자연이 화를 내는 현상은 이

유 없이 일어나지 않는다. 깊은 물속부터 거세게 휘젓는 파도는 바다를 정화하고, 시도 때도 없이 부는 바람은 공기를 정화시킨다.

육안으로는 보이지 않는 영의 섭리가 세상을 지배한다는 신앙을 소지한 사람은, 자연과의 대적은 가급적 피하며 그 가운데에서 보살펴 달라는 기도를 올린다. 하나님은 선한 자에게는 선함으로 품어 안으시고, 악인은 내치신다. 한 믿음으로 결속된 우의(友誼) 관계이다. 큰 사랑을 받고 있다는 부푼 가슴에는 영적교만이 흐르고 있다. 틈새를 노리며 넘어트리려는 마귀로서의 방종을 조심해야 한다. 만물보다 부패하기 쉬운 대상은, 혀 놀리는 감정이 자유로운 인간이다. 미덕의 오랜 간직은 재갈을 물리는 침묵이다.

허공에 종이 한 장, 신난 환호성 지르며 제멋대로 이리저리 가볍게 둥둥 떠돈다. 날랜 제비 먹이인줄 알고 입에 물었다 내뱉는다. 살아남은 종잇조각 찢긴 채로 바람이 멈춘 사이 나뭇가지에 살랑살랑 내려앉는다. 휴식의 기쁨도 잠시, 꼼짝 없이 붙들린 펄럭펄럭 종잇조각, 흰 송이 찔레꽃 서광의 빛으로 착각하며 장소를 옮겼다 몸 뚫리는 상처 추가로 입는다.

기다릴 거야. 어슴푸레 가물 한 새로운 관념이 고통을 안겨준다. 혼이 절반만 채워진 것 같다. 애착 속에 흐르는 피 순환 정제되지 않아 숨결조차 고르지 못하다. 멈춘 인생의 행복. 도망을 칠까. 어디로...? 여기서 나간다면 구원에서 소외된 불신자들이 머무는 지옥문일 터인데.... 나는 영존하신 나의 아버지가 계시는 천성의 보좌에 들어가고 싶지, 뜨거운 유황불에 항시 데여 정신을 차릴 수 없는 절규의 세계로는 내려가고 싶지 않아. 나는 오랫동안 변치 않는 진실 된 믿음으로 "바로 너였구나."라며 반기시는 주님의 음성을 듣고 싶거든. 그러니 머리와 가슴에서 치열하게 다투는 선과 악을 가리는 분변의 능력을 더욱 키운 맑은 정수로 그날을 기다릴 거야. 그곳에는 내가 증오의 모반(謀反)에서 흔들릴 때마다, 사랑의 격려로 붙들어주신 어머니께서 계시거든...

내 가슴에는 천국나무가 자라고 있다. 어둠의 땅속에 묻힌 뿌리는, 오랜 세월을 참고 견딘 끈질긴 인고로 드넓게 뻗어있다. 쉽사리 뽑히지 않는 아름 굵은 밑동은, 변화무쌍한 사계절 기후를 수십 년 동안 모질게 겪은 탓에 아주 튼실하고, 그 위로 활짝 열려있는 세상을 향해 쭉쭉 뻗어 자란 무성가지는 윤색 잎의 기쁨을 사방천지로 훨훨 날린다. 희락에 찬 주렁주렁 앳된 실과는 햇볕을 쬐며 머나먼 가을을 기다리고 있다. 여느 생명들처럼 흔들리는 근심이 없을 리

만무한 천국나무는, 우정의 조화로 최상의 시간을 보내고 있다. 고요한 안개 빛의 신비에 감싸여 있다.

흘러라, 대지를 적시는 강물아! 장난질 즐겁게 풀어놓고 소생의 만물을 입맞춤으로 이끄는 영원한 천국나무여!

내 영혼아, 지치지 마라. 내게 어울리는 즐거움으로 좋아지는 세상 만들도록 내 영혼아, 내 말이 곧 감수성 담은 자유의 영혼임을 증명해다오.

하늘보좌에 매어 둔 나의 소망은 대충 드러낸 반나절의 꿈이 아니라, 하루하루의 온전한 일과이니라. 원모양으로 맴도는 것 같아도, 현명을 깨치는 근심은 위로-앞으로 성장을 거듭하고 있노라. 그 모습 내 안에 거처 삼은 다복의 불을 켜노라.

마음은 익숙한 주로(走路)이다. 잠시잠깐 누리는 욕망들을 내려놓고, 신선한 영감의 날개를 달고 높이-높이 비상한다. 대지는 미친 광기로 내달린다. 공기 탁한 상업매연이 상층부까지 닿아있다. 하늘보좌에까지 차오를 기세이다. 조금 더 오르자 비로소 인간의 언어로는 설명이 부족한 숭고한 노래를 듣게 된다.

시인의 고동

　　　　　　가슴을 때리는 고동을 듣는 시인은 끙끙 앓는다. 하나님에게로 향해둔 시상(詩想)을 맞추어야 한다는 소명감에 오늘 따라 열패감이 유독 높아졌기 때문이다. 순정의 고생이라 애써 위안하나, 심리적 부담이 도량을 좁게 한다. 그 속에서 무언가에 쫓기는 꾀의 성질이 어른거린다.

　머리정신이 대리석처럼 번질번질 차갑다. 바닥이 산산조각 깨져야 아침마다 누적의 피로를 쌓아둔 몸을 이끌고, 젖은 머리 햇살에 말리며, 슬리퍼발로 생계 터를 향해 달리는 보통사람들을 격려하는 살뜰한 글이 써질 터인 데, 징표생성이 안 떠오른다. 제방에 갇힌 물과 같다. 잊지는 않았으나, 미처 생각을 못한 사이 눈앞의 누군가가 떠나고 있다. 돌아오라 부르려 하나 입이 안 떨어진다.

　중요한 것은 좀 더 가봐야 알 수 있다. 깃 세운 옷으로 턱까지 감싸고 너덜겅 길을 지나, 기후 낮은 한 기들판에 다다랐다. 추운들판은 바싹 메말라 화재 위험을 안고 있다. 공기는 선선하다. 갑자기 기분이 환해진다. 한껏 부풀어 오른 가슴에 새로운 고동이 메아리로 울린다.

시선은 먼 수평에 머물러있다. 아무런 할 말이 없다. 견해차가 있을 성 싶은 자잘한 대화, 자연스레 하나가 되는 경건심이 무게 있게 진지해진다. 최후 심판의 날, 하늘천사가 사전 예고로 모든 사람들이 듣도록 뿔 나팔소리 울리는 바로 그날, 과연 나는 사명감 수행에 한 점 부끄러움 없는지 덧없이 헤아려본다.

법 없이 착하게 살았다 할지라도 주어진 책무를 게을리 했다면, 나태 죄목에 해당된다. 변명이 쓸데없다. 주님을 향한 걱정보다 그저 먹고, 자고, 마신 안일만을 좇았던 시절은 사치죄목에 해당된다. 성결부재가 원인이다. 그토록 귀가 닳도록 일러 가르쳤는데도 도대체 깨닫지 못 하는 무지로 여기 기웃 저기 눈질거리며, 선악 간의 분별을 잃고 산 시간은 망상의 불경죄목에 해당된다. 믿음의 내밀을 다지는 영적결핍이 원인이다. 믿음의 진정성보다 인기영합의 유창한 말솜씨로 사람들을 줄 세운 것은 허설죄목에 해당된다. 유감스럽게도 본질의 복음 소개와는 아무런 관련이 없기 때문이다.

우선, 영육을 강건하게 다져라. 건강한 체력에서 건강한 활동이 풍성해지고, 눈의 밝음은 보이지 않는 그 너머에서 손짓으로 환영하는 믿음의 세계를 본다. 병상에 누운 환자의 덕담은 측은하게 들리는 법. 위선은 자신을 감추는 기만. 타인의 정직한 고백을 약점으로 잡고 혀로 헐뜯는 행태는, 동공과 눈빛이 따로 노는 사시(斜視). 선을 부정하다 외치는 분노는 교만. 가난한 마음은 구차한 궁핍 아닌 성스러움의 지름. 부자의 돈은 차갑고 가난한 자의 돈은 뜨겁다.

 죄를 짓지 않은 절대적 의인은 없다. 이에 한 점 부끄럼 없이 깨끗한 자 누구랴! 필자는 사소한 거짓말이나 격분의 화를 냈다면, 죄인 된 회심에 휩싸인다. 잘잘못을 떠나 자성을 깊이 하고, 그것을 푸는 뿌리 적 시간이 비통하게 길다. 그래서 기분대로 놀지 않겠다며 주의를 기우리기는 하나, 물러설 줄 모르는 노인성고집으로 판단의 지능을 낮추는 겸허의 성찰에 이르지 못했음을 통감한다.

 그 죄인들이 하나님의 신원을 입은 사람을 거센 비판으로 끌어내고 있다. 착한 사람의 행적은 소문 없이 잔잔하게 퍼지나, 악인의 등장은 왜 그리 부각이 뒤숭숭 시끌시끌한지 용서가 보이질 않는다.

 성품이 어진 사람에게는 대문이 활짝 열리나, 폭력자가 나타나면 창문까지도 꼭꼭 잠긴다. 무지자는 미련하고 유식자는 거만하다. 아무 일도 해결 못 하는 무능 자는 쓸모없다며 버려지고, 못을 제대로 때려 박을 줄 아는 목수는 든든한 집 지을 자질을 충분히 갖춘 인물이다. 흐르는 물결이 굽이굽이 요동치듯이,

사람도 이런저런 경험자가 시류를 잘 탄다.

교만한 사람은 약한 자의 존엄을 무시한다. 유식한 자는 교육수준이 낮은 사람을 얕본다. 온정 없는 편협한 우월감이다. 거부는 존재의 부정이다. 나의 일부라도 될 수 없다는 배척이다. 상생발효인 합의점을 찾지 못했다는 뜻이다. 인간의 도리는 자연의 혜택을 더불어 누리며 한 시대를 살아가는 생명들과의 평등이다. 하나님은 사랑의 행실로 낮은 곳에 주로 머물러 계신다. 병으로 기력이 쇠해진 환자는, 회복을 기대하는 믿음의 귀로 어떤 말씀이든 심오한 진리의 아멘으로 받아들이기 때문이다. 식물도 짓밟는 발질보다 애지중지한 관심을 가져주는 손길에 반응이 상냥하다. 감정은 작용을 불러일으키는 힘이다. 그 힘의 충실은 가치를 높여준다. 그러나 그 가치는 벽돌 한 장에 불과한 작은 행동일 뿐이다.

내 마음대로 토막을 내 쓸 수 없는 시간. 그럼에도 그 시간은 반드시 오고야 만다. 빠르지도, 느리지도 않게 일정한 속도로 경점에 당도했다, 기척 없이 슬그머니 지나가 버린다. 정해진 그 운행의 법칙 속에서 생물은 번식하며 성장한다.

생은 편안한 안식보다 좀이 쑤시는 불안정한 날이

훨씬 많다. 재화(財貨)를 좇는 일의 수고가 가져다주는 불편은, 잠 못 이루는 심신의 걱정이다. 돈보다 오랫동안 써먹을 가치에 중시를 둬야 한다. 고난은 자성을 일깨우는 약초이다. 영혼이 깨어있는 자는 언제든 의기를 불태운다. 자의(恣意)가 침식되지 않도록 인식을 높여 경계한다. 편견에 떠밀려 일시 떠난 마음을 반성으로 되돌려 일편을 맞는다. 빗장 문은 들어 올리는 희망 앞에선 활짝 열린다.

아무튼 여러 방면의 경험을 통해 실연의 쓰라림, 가시에 찔려 찢긴 살피, 채찍에 맞은 멍든 상처, 손과 손을 맞잡고 산림 우거진 숲을 거니는 교류로 속삭이는 그 신선과의 친분, 음식부패를 막는 소금 맛을 고루 겪게 하는 인생은 참 좋다. 한 인생의 삶을 끊으려 덤벼드는 죽음의 그림자, 머리카락 쭈뼛 세우게 하는 그 끔찍한 단절의 죽음을 받아들일 수 없다며, 저항의 방패로 극구 야단 떠는 불신자들.

하나님께서는 우리 인생들에게 갖가지 은사의 특권을 선물로 내리셨다. 그중 하나가 천국입장 확인인 자신의 믿음으로 날마다 새롭게 거듭나는 것이다. 그래서 직립보행의 인간은, 먹이 사냥만이 주 일상인 네 발의 짐승을 다스리는 지능을 갖출 수 있게 되었다.

내면에서 뜨겁게 타오르는 불기둥, 결코 꺼질 일 없으리. 숱한 생물들을 보게 하는 한낮의 열정은 고통의 수반이어라. 너무나도 많은 열을 기체로 증발시킨 우리는, 지친기력 회복시키려 수행처럼 별들의 밤에는 쉰다.

불변한 진리는, 하나님께서 인류에 두신 뜻은, 몇천 년, 몇 백 년의 시간과 상관없이 언제나 한결같다는 것이다. 모든 영혼들이 구원에 이르기를 바라시는 심정이 그토록 인내하시다.

의지는 능력을 나타낸다. 그 경로는 성경의 메시지를 통해서 아골 골짜기까지 지속적으로 전해지고 있다. 그토록 변치 않는 끝없는 관심은 '나는 너, 또는 너희 모두의 하나님이다.'라는 환기 때문이다. 그 해석은 내 믿음의 지각으로 대변할 수 있어야 비로소 하나님을 받아들인 성찰로 접어들게 된다는 것이다. 그전까지는 은혜의 바깥이다.

찰나에 지나치는 모든 순간은 시간의 연속이다. 틀렸다는 주장은 나의 상황에 맞춘 부정이다. 목적을 둔 일이 순조롭지 않다면, 가설은 제쳐두고 새로운 발견을 찾아야 한다. 옛것만을 붙들고 있으면 넓은 바다로 띄워야 할 배를 항구에 정박해두는 것과 다를 바 없다. 배의 용도는 바다를 향해 있다.

꺼진 정신 점화시켜 앞을 내다본다. 원기를 회복시

키는 유의미 정기(精氣) 기쁨 알린다. 반짝이는 사물은 나뭇가지에 매달린 과실만이 아니고, 들의 한창 꽃들도, 그 식물들에 목을 축여 주는 강물도 은빛 반사로 눈부심을 띄운다. 소녀의 흰 치아 사이에서 새어 나오는 기도는 찬미요, 그렇게 보지 않았는데, 꼬부랑 할머니 오늘따라 헐뜯는 시샘 대신 주름 표정이 밝다.

딸이 차린 식탁에 자리 하나가 비어 있다. 수저를 들기 전 가장은 저변에서 흐르는 애정을 실감한다. 무심히 지나칠 수 없는 눈시울에 과거를 회상하는 기색이 스친다. 일터에서 돌아오면 언제나 낯익은 눈빛으로 반겨 맞아주었던 아내를 그리는 추억이다. 아내의 애잔한 웃음은 집안 행복의 그 자체였었다. 그래서 많은 이해를 받은 안에서 직장생활을 성실하게 마칠 수 있었다. 두 아들·딸도 이탈 없이 올바르게 잘 자라 줬다. 가령, 아내를 천생연분으로 만나지 못했더라면 다복한 가정은 탄생될 수 없이, 맨 땅에 맨 담을 쌓기만 하다 종을 치고 말았을 지도 모를 일이다. 이것이 하늘이 내린 복이라면 복일 수 있다.

그런데 지금은 곁에 그 온기가 없다.

자연의 말

　　　　　　인생은 항상 증진만이 띄워지는 고문이 아니다. 난데없이 주저앉는 그 땅 구멍에 발이 빠질 위험은 도처에 도사리고 있다. 극단의 생명은 짧다. 무분별한 확장은 제 욕심을 앞세운 과시이다. 가슴을 무겁게 짓누르는 이러한 망상의 기분을 털어내려 세속으로부터 뛰쳐나온 것이다.

　현실성(리얼리티) 묘사에 재능이 부족하나, 나는 앞으로 나가면서 내 길을 닦아야 한다. 찬찬히 호흡을 길게 가다듬고, 나를 깨우는 자연을 벗 삼아 나를 돌아보는 시간을 만끽한다. 한 걸음씩 내디딜 때마다 삼라만상을 둘러보는 안목이 넓어지고, 위로 들린 시선은 가락 맞춘 신록의 의미를 오래오래 곱씹는다. 아무런 말도 없는 푸른 자연은 고즈넉하게 상큼하다. 고운 햇살에 졸고 있는 중이다. 조는 향내에 영혼이 신선하게 맑아진다. 신성의 속성을 맛본다.

　침묵이 때로는 안중 깊은 공심을 대변하는 때가 있다. 인기척에 깨어난 자연이 말을 낸다. "내실을 튼튼히 다지려면 자신부터 순수(純水)해져라. 변하지 않는 진정한 가치는 창조의 싹이다."

　원한은 복수의 칼을 갈게 한다. 베푼 선행은 거기

에서 끝내야지, 같은 값의 보답을 바란다면 의도부터 다시 받고 자는 셈을 하고 있었다는 뜻이 아니던가. 돈을 빌려 달라고 했을 당시 빌려주지 않았다며, 두고두고 이를 가는 행태는 인격을 깎아 먹는-복수를 하고야 말겠다는 살의이다. 많은 말을 내는 자는 실속이 저도한 사람이다. 미덕의 매력이 상생될 수 없다. 순수는 받은바 은혜를 감사로 베푸는 것이다.

우리는 구약민수기에서 소개되는 아론의 지팡이에서 싹이 난 이야기를 잘 알고 있다. 움 다음 순이 나고, 그 꽃 위로 살구열매를 맺었다는 그 중심적 의미는, 하나님을 향해 쏟아내는 모든 원망을 그치라는 암시였다. 유대인들 사회에서 기나긴 몇 세기 동안 고전으로 읽히는 『체네레네』(요셉 벤 이삭 아슈케나 작, 1622년 판)에 이런 해석을 단 내용이 있다.

'아론의 지팡이 오른편과 왼편에 각각 하나씩 핀 열매 중, 오른편 열매는 달콤했던 반면에, 왼편의 열매는 쓰디썼다. 이스라엘민족이 죄를 지으면 오른편 열매는 색이 바래게 시들어갔고, 왼편의 열매는 윤기가 흐르며 먹음직스러웠다. 그렇지만 이스라엘민족이 경건한 모습을 보이면, 반대로 오른편 열매가 생기를 되찾았으며, 왼편의 열매는 보기 싫게 시들해졌다.'

인정으로 떠받들리는 특권 대우는 여태껏 한 번도 받아본 적이 없었다. 구질구질 상황에 곧잘 내몰리는 가난생활의 특성상 근심걱정 가실 날 없는, 당장의 끼니 해결책으로 마치 훔친 양식인양, 거리 한구석에 쭈그려 앉아 목이 메도록 한 조각의 빵을 허겁지겁 먹어 댄 그는, 체신을 잃은 자신을 적나라하게 발견했다. 사람들은 그의 거지꼴 행세를 내뱉듯이 무시하며 아무렇게나 상대를 했다. 돈 없는 가난이 이웃들과의 원만한 관계를 헤쳐 놓은 것이었다. 돈의 소중함을 실감했다.

우리는 하나님의 손안에서 존재한다는 사실을 부정할 수 없다. 현실과 대면하는 세월 속에서 굳게 살아가는 힘이 되는 비결의 믿음이다.

불황은 아니나, 그렇다고 호황기도 아닌 요즘의 시장기류이다. 진종일 판매한 물건은 중고시계 하나가 고작이다. 적어도 진열 상품 10개 이상은 팔아야 일일 총 운영비 손해를 면할 수 있다. 그럼에도 그의 낯빛은 누가 그 손실 비를 보충해주기라도 하는지, 언제나처럼 싱글벙글 밝다. 조금도 꾸밈이 없는 내면으로부터의 진정이다.

그의 하루일과 중 낮 12시부터 3시까지는 경건의 시간이다. 그 시간에 맞춰 교대 차 출근한 아내에게 가게를 맡기고, 신앙인으로서 최고의 삶인 기도와 공부에 매달린다. 실상(세상살이)과 우주와 세상을 주관하시는 하나님(이상세계)을 아는 영적지식과 균형을 맞추는 노력에 기울인다. 큰 부자를 꿈꿨으나, 보이지 않는 그 어느 틈새에서 물이 새 나가는 듯이 영달이 영 채워지지 않자, 하나님께 맡기자는 결단 이후 지켜온 내밀의 시간이다. 그러면서 그는 오직 돈만을 좇는 목적은, 하나님께 근심을 끼치는 해악임을 깨달았다. 그저 숨만을 내쉬는 존재에 불과하지 않으려면, 하나님을 등 뒤로 밀어내지 말고, 그의 발목을 부여잡고 도움을 요청해야 한다.

신학적으로 이위일체론은 하나님과 예수를 가리키고, 삼위일체론은 하나님·예수·성령을 가리킨다. 이 해석을 일신론적 위상에서 구분한다면, 구약의 성부하나님은 성민으로 선택되어 지키시는 이스라엘에 국한해서 회전하는 그림자 없는 영의 말씀으로만 부각하였으나, 그 독생자 즉, 신약의 성자예수는 사람의 인체를 입으시고 사람으로서 땅의 소산물을 잡수시는 체휼을 통해, 하나님과 사람을 중재하는 복음사역을 마치시고 하늘로 승천하시면서 인류에게 무형체인 성령을 선물로 내리셨다. 성령의 실체는 예수의 열 한 제자들을 중심으로 마가다락방에 모여 기도에 전혀 힘쓴 120명 성도들의 체험적 증언을 통해, 이스라엘의 경계를 훌쩍 뛰어넘은-이천년의 세월이 흐른 오늘날에도 그 횃불은 전 세계 구석구석을 비추고 있다. 그 영향을 축소하거나 말살하려는 여러 모양의 물리적 공격으로 적그리스도임을 자처한 세력이 있으니, 곧 에서(야곱의 쌍둥이형) 후손 이슬람극단주의자들이다. 그들은 자폭 테러로 끝없이 이스라엘을 괴롭히고 있다. 이런 악의로 채운 뼈골사상의 살생으로, 섬기는 마호메트(신)에 향해둔, 형제로써 똑같은 한 예배를 드리는 평화주의자들조차도 상종을 기피하고 있는 실정이다.

하나님의 관심은 지속성이다. 그러나 선민 적 의식이 매우 강한 유대교의 신앙원리는 믿음이 아니라, 율법조문에 맞춰져 있다. 그들은 안식일 준수와 할례의식으로 기본적 진리만을 지키면 된다는 신앙관을 가지고 있다. 외식의 신앙심을 통해 스스로를 구별하는 범위에서 좀처럼 벗어날 줄을 모르니, 기독교의 최 정수인 계시의 은혜를 달가워하지 않고, 훠이훠이 배척하는 수준을 나타내고 있다.

문자에만 의존해 있는 지식은 영적 삶이 무너지는 징조이다. 속세지식의 위험은 영적 의미를 퇴색시킨다. 그렇지만 이 한편으로 18세기 인물인 바알 셈 토브처럼, 영적인 혁명을 일으킨 유대인도 있다. 일화에 따르면 기도를 하는 그가 얼마나 격렬하게 사지를 떨었던 지, 근처 통들에 담겨있는 곡식들도 함께 요란하게 흔들렸다는 것이다.

이편 벽면에서 저편 벽면까지, 천장에서 바닥까지, 복음 선포와 기도의 열기로 가득 찬 성전 안 성령의 은혜에 취한 예배 자들, 그 기쁨의 열광을 춤과 노래의 몸짓으로 기탄없이 나타냈다. 그러나 단 한 사람, 듣지 못 하는 청각장애인만은 웬 미친 소란이냐며 이맛살을 찌푸렸다.

하나님은 우울한 기분에 눌려있는 단아보다, 마음을 크게 연 기쁨의 즐거움으로 인상이 반짝반짝 빛나는 밝음을 흠향으로 받으신다.

'항상 기뻐하라.'

보통의 기도는 일신의 안달에만 붙들려 있다. 그렇게 올린 소원은 하늘까지 상달되지 못 하고 땅으로 다시 떨어진다. 왜 그럴까? 인간성이 씻기지 않은 옛 성품 때문이다. 말투가 어눌하여 설명하는 표현력이 서툴다할지라도, 거짓 없는 진실은 누구와도 통한다. 하나님의 말씀을 듣는 것과, 하나님 집에 양식이 있도록 물심양면으로 돕는 손길과, 몸으로서의 헌신은 기도에 버금가는 복음전도의 동참이다.

내적으로부터 나의 행복이라 인식되는 축복은, 어느 정도 외부 환경의 영향도 끼쳐있다. 식량걱정 한시름 놓게 한 가을의 풍년수확, 전쟁의 총부리 겨눔 없는 평화 등이 그 사례이다. 평화는 멱살잡이 싸움의 빌미인 허물을 화해로 풀고 둘러앉은 식탁의 단란함이다. 지식은 책에서 얻고, 지혜는 일상 삶에서 깨달은 산물이다. 하늘계시의 지식은 정립을 갖추지 못한 어지러운 마음을 진정시키고, 그다음으로 장차 들어갈 천국에 초점이 맞추어진 영안이 열려진다.

외식은 위세부리 허례허식이다. 사람들에 환영을 받으려고 자랑을 늘어놓는 모방심이 세다. 성질이 잠잠하지 못한 사람은 내공이 취약하여, 은밀한 중에 계시는 주님의 음성을 들을 수 없다. 나무의 견실은, 위로는 태양 빛을 흡수하는 무성 잎이며, 아래로는 수분을 순환으로 밀어 올리는 뿌리이다.

자신의 처지를 남과 비견하며 열등감에 눌리는 암중모색은, 자신의 존중을 낮게 보는 경시이다. 나를 보듬는 인정이 나의 힘이요, 나의 눈으로 사물을 본 그 느낌을 말하는 것은 자신의 판단 적 기준이요, 나의 입술로 나의 의사를 표방하여 상대방으로 하여금 그 대답을 내게 하는 것은 신념의 반사이다. 본질적 가치는 나만의 체계를 갖춘 위엄이다. 위로부터 내려 받은 물은 웅덩이를 채운 후 앞으로 흐른다.

사람은 기다림이 오래이면 기회는 오지 않는다는 체념에 이른다. 정도 이하는 수준 미달이다. 의지가 확고하지 못한 사람은 변명의 핑계를 길게 늘어놓는다. 생득이 굳세지 못 하여 가벼운 바람에도 쉬이 흔들리거나 넘어진다. 무엇이 옳고 그른지 사리판단은 전적으로 앎의 몫이다. 분별 취약은 조화 부족이라, 어떤 일을 해야 하는지조차 모른다. 사전에 열 처녀의 기름준비를 안 한 총체부실이다.

자신의 기준을 배제해야 할 경우가 있다. 선물 준비에는 사랑하는 사람의 성향에 대한 충분한 이해가 중요하다. 만일, 그 선물을 받을 대상이 친구부부의 자녀라면, 그 자녀의 체형에 맞는 신발을 보내야지, 어른신발을 보내면 싫은 소리를 듣게 된다. 인지상정이다.

따뜻한 감성은 관점의 은혜를 느끼게 한다. 관점은 바라보게 하는 맞춤이다. 체험적 은혜는 보통 날보다 열정이 뜨겁다. 은혜의 깊은 감사는 박해에 갇힌 속박으로부터의 해방이고, 그 힘에 떠받들려 확고한 신념을 다지며 사람다운 실체적 모습을 갖춰가는 모양새는, 당사자의 의지방향에 따라 판가름된다. 신앙인이라면 시간 맞춘 예배로 하나님께 표준을 둔-천성을 향해 간다는 성향을 지녔다.

이성이 먼저일까? 신앙이 우선일까? 이성(理性)은 사리분별로 인격을 갖춘 인간을 말한다. 사전적 의미는 인간을 동물과 구별시키는 인간 특유의 뛰어난 능력이라 소개하고 있다. 신앙은 유한의 나 아닌 영원하신 하나님 섬김이다.

하루하루 믿음의 인성을 쌓는 수준의 각고보다, 하나님의 외적 표적에만 매달린 표면은 영에 속한 사람이 아니다. 자기 힘으로 나오다, 어떤 시험에 들어 마음이 좁아진 그들은, 날을 감춘 은밀한 어조로 예수를 믿지 않아 구원 밖 지옥의 자식이라는 이방인 취급으로 밀치는 빗면을 곧잘 드러낸다. 그들은 교회의 대들보를 쇠락시키는 장본인들이다. 혀 놀리는 감정이 자유로운 인간성향 그대로, 권세를 지니신 예수에 대한 정확한 논증이 깊지 않는 싸구려 입담이다. 옳다, 옳다, 아니다, 아니다 가름하는 판단 미숙으로 군중심리만을 좇으며 함께 무너지는 맹신의 졸부행태이다. 강한 어조로 비 교양하게 방정하다.

이성은 대우이다. 하나님의 자녀라면 정당한 인격적 대우를 받아야 하지 않을까. 듣고 싶은 달콤한 말만 쏙 빼 듣고 긍정한다는 고개를 끄덕이는 귀는, 한편으로만 기우린 편견에 사로잡힌 배타심이 강하다. 자신만의 주장이 옳다며 무조건 따르라는 명령은 사회성이 아니다. 현숙함이란 자신을 살피는 일환으로 아무런 상관이 없는 잔치자리는 피해가면서, 손의 수고로 거둔 식물을 강물에 띄우는 행실이다.

'너는 네 떡을 물 위에 던져라, 여러 날 후에 도로

찾으리라(전11:1)."

  과연, 지금은 성경을 곧이곧대로 받아들이는 믿음의 시대가 지난 이성의 시대로 봐야할까? 사실, 사람들만 북적이는 사회의 현상처럼, 요즘의 교계 분위기는 하나님을 깊이 생각하는 사색이 과거에 비해 심각하게 시들해졌음을 느낀다. 치고 빠지는 요행이 판을 치고 있음을 보게 된다.

  하나님께서 쓰시겠다며 선택받은 사람의 성장과정은 혀 맛이 단 좋은 반응일 수 없이, 뱃속이 쓰린 고난의 눈물을 쉼 없이 흘린다. 음식물을 먹여 줘야 육신이 기운을 차린다는 인간보편을 앞세운 탈출에 안간힘을 쓴다 하여도, 자신이 원하는 바의 정체를 제대로 정착시킬 수 없는 연단의 고행은 계속 이어진다. 세상 안에서 적절하게 적응할 만한 환경이 좀처럼 주어지지 않으니, 눈물을 머금고 자포자기 침륜에 쉽사리 잠겨든다. 한눈파리로 인간이 중심인 세상에 합류하고 싶어도 마음대로 안 된다. 인간이 인간에게 속하여 있지 않으면 죽음이나 다를 바 없다. 그러나 영이 허락하지 않으니, 풀죽 먹음을 감수해야 한다. 그 입맛은 모래를 씹는 심정이다.

  바벨로 왕 느부갓네살의 예처럼, 사람에게서 쫓겨나서 소처럼 생풀을 뜯어 먹으며 독수리 털에, 손톱은 새 발톱 모양 채로 7년의 기한이 채워지기까지는 짐승 노릇밖에 할 수 없었다? 이슬에 젖은 짐승의 털을 쥐어뜯는 이 한탄의 정신 상태는 정상일 수가 없다.

기력이 극도로 쇠약해진 은둔에 오랫동안 갇혀 지내면, 자기로써 무엇을 이뤄보겠다는 꿈의 설계는 가물가물 희박해진다. 어쩌지 못 하는 혹한 속에서 얼어붙은 입을 오돌오돌 떨 뿐이다. 그사이에 기존의 인연들은 절로 끊기고, 자주 만날 수 없게 된 친구들과의 교류도 소원해진다. 국가의 복지혜택조차도 누릴 수 없을 뿐더러, 저편과 철저히 분리된 높은 장벽으로도 그 너머 세상조차 볼 수 없으니, 곁길 아닌 한길도 갈피를 못 잡고 정처 없이 헤매야 한다.

하나님께서 본심으로 선을 그은 장래의 계획이라면, 인간은 그 무엇에도 손을 쓸 수 없다. 임의로 진로를 열어젖힐 수 없다. 하나님 품에 굳게 안기는 의지가 해답이다.

우리의 자화상

　　　　　　　　희망을 잃은 사람의 눈빛은 흐리멍덩하다. 언변에도 씨알이 없다. 호흡의 근원인 생기가 마른 탓이다. 요즘 세대는 경제문제로 안정 없는 큰 시름을 앓고 있다. 처한 환경에 맞춰진 그 표정은 천층만층 다양하게 분포되어 있다. 언론보도를 인용한다면 자영업자들의 고충이 가장 높게 나타나고 있다. 쉽게 풀리기 어려운 국가적 실타래이다.

　물질소득은 가난의 추함을 덜어준다. 이 소망을 붙들고 돈, 돈을 좇는다. 세상이 혼란하면 사람들은 자신의 주체를 잃고 전쟁 한복판 파편에 혹, 피해를 입지 않을까? 걱정의 눈빛으로 지켜본다. 그러다 세상이 진정되면 전쟁 따위의 과거는 까맣게 잊고, 자기 실속을 채우는 일상으로 재빨리 돌아간다. 운신이 좁아지는 이유이다. 때때로 무방비로 풀린 혼을 일깨우는 경계의 긴장이 필요하다.

　인간은 땀 흘려 가꿔 거둔 땅의 소산물을 먹어야 체력을 쓸 수 있다. 타협 없는 완고한 고집은 한계 안에 머무는 자신만의 틀이다. 혼자 정한 안전의 영역이 타인의 침범으로 흔들릴 경우를 가상한 관계 회피이다. 불안이 일종에 불신의 한 묶임을 감안하면,

부정과 트집의 장벽을 세우는 행위는 개인적으로는 지극히 정상하다 할 수 있다. 그러나 그 범위를 절대 넘어가지 않겠다는 소심은 스스로를 가두는-개선의 여지를 끊은 결격이라, 아침까지 간수하면 벌레가 생겨 먹을 수 없는, 광야만나에 대해 말할 자격을 잃게 된다. 영혼에게 영생을 누릴 가치가 있는지 묻는 것은, 구원의 신앙만은 끝까지 사수하겠다는 고백 성의지이며, 최고의 은혜인 기쁨은 영혼의 불꽃이다.

아이는 보는 눈이 어려 놀라운 충격을 보면 무서워 떤다. 그 시절의 심약은 신체가 성장하는 연령에 맞춰 밴 인지력의 기반이 된다. 겉으로 그럴듯해 보이는 배우 흉내 역시도, 지속적이면 제 성향의 색깔로 안착된다. 좋은 것도 나쁜 것도 별 차이 없이 똑같아 보인다면 평등에 선 사람이다. 좌우로 치우치지 않는 눈은 정심(貞心)을 잡았다는 뜻이고, 이 바탕에는 광을 내지 않아 부담스럽지 않는 복장의 평정심이 있다.

보석으로 장식된 사치스러운 집에서 살 것인가? 재물에 눈이 먼 무리들이 아부로 따라붙는 호의호식 탐욕의 어깨에는 굼뜬 거드름이 얹어져있다. 입에 발린 갖은 아양으로 기분을 한껏 띄워주는 그들의 이면적 검은 흑막의 꼼수를 파악하지 못 하고, 해해 좋다며 지갑을 선뜻 연 그 탕진. 뒤늦게 아부꾼들의 헛품에 놀아났다는 사실을 깨닫는 순간부터 재갈이 물리는 몰골현상을 보게 된다. 떠받드는 헹가래에 그저 들떠 판단을 그르친 결과의 참패이다. 절제의 원칙을 뭉뚱그려 잊고 가면 쓴 위엄만을 자랑거렸다, 바닥 밑으로 떠밀려 추락한 병상환자. 눈을 들어 하늘을 봐도 맞서 줄 대상이 사라져 버렸으니, 땅을 치는 도리 밖에 할 수 있는 게 아무것도 없다.

돈에 돈은 크게 불려야한다는 욕망은, 사냥감을 노리는 사기꾼의 표적이 된다. 돈의 행복을 너무 높이면, 냄새 잘 맡는 사기꾼이 더 달려든다.

검소한 생활은 눈높이가 낮아 평화하다. 내 시간, 내 목소리로 이웃들에 힘이 되어 주는 공중은, 필요한 만큼만 소유하려는 사람들의 온기이다. 사회를 든든하게 떠받치는 성질이다.

사람은 누구나 결점을 안고 있다. 필자처럼 어느덧 늙은이 취급을 받는 인생황혼의 노인들은, 환경이 크게 바뀌는 변화를 두려워한다. 오랫동안 다져진 생활방식의 애착이 원체 강해, 나태가 곧 게으른 안주인 줄 모르고, 시대변천과 무관하게 처음 시작한 습성 그대로 눌러 사는 것을 선호한다. 이러한 증세는 나름 속 쓰린 불편을 가라앉히려는 성격적 반영에 해당되는 데, 자기중심의 편의가 그 원인으로 작용한다. 심층적 분석으로 불만은 정신적 불균형인 낙망이고,

일이 뜻대로 풀리지 않는다는 홧김부리의 성질이다. 이런 기분에 놀아나면 주의력 잃은 경솔한 행동을 나타내고, 노력에 비해 성과가 미미하다 싶으면, 나이에 지친 쇠패(衰敗)를 탓하는 수치감을 끌어안는다.

그들은 그나마 남겨둔 소망에 명령내리는 것을 주저주저 망설인다. 나를 잘 아는 내 안의 직속하인에게 굴종하라는 하대는 말처럼 쉽지 않기 때문이다. 까닭에 탈출구를 찾지 못 하고 머뭇거리다 실의감에 잠겨든다.

돈과 사치를 향해 돌진하는 사회를 등진 인생의 성취는, 은거(隱居)에서 받쳐진다는 확신을 품은 필자도, 간혹 낮과 밤의 경지를 가르는-시간의 권태가 없는 상상을 그려보곤 한다. 그러나 일초마다 내쉬는 호흡은 시간 속에서 살아가는 피조물임을 어쩔 수 없이 인정하기에 이른다. 경건한 참을성에서는 도무지 벗어날 수 없게 된 하나님의 섭리 적 가르침이 있음을 상기한다. 양심이 가장 떳떳하면서-안전비용이 적게 들면서-정신적 안식이 드넓게 쌓여지는 은거는, 긴 시간의 충실이 요구되나, 말미에 다다르면 자격 없는 사람도 쓸모 있는 고매한 영적사람으로 거듭나게 한다. 약초를 먹었거나 만지지도 않았는데, 그 냄새만으로도 간접 효험이 있듯이, 시시껄렁한 군중의 함성을 등지고 외로운 경건을 택한 은거의 은택은 이토록 영적지경의 범위를 넓게 확장할 수 있다.

오래 산 나이 말고 젊은이들의 가슴에 격려되는 미덕의 가르침 있는가?

나라사회가 지향하는 지상 목표는 경제대국이다. 땅의 소산물을 먹는 모든 생명들은 먹지 못해 허기에 시달리면 정신이상을 보인다. 남의 것을 훔치는 도둑질이 성행하는 무법천지 사회는 행랑인들, 병든 자들, 굶주린 아이들, 약수터에서 물 한 통 먼저 받겠다며 앞사람을 밀어제친 양심적 가책 없이 악다구니 쓰는 아낙네 등으로 한시도 잠잠할 날이 없다. 열패감-열등감에 짓눌려 자의식마저 상실한 불한당들이 마구 휘젓고 다니니 지옥이 따로 없다. 사실 아닌, 뜬소문 곡해도 미래를 어둡게 하는 한 몫의 불길함이다. 그들의 구제방법은 배불리 먹이고, 두 발을 쭉 뻗고 편히 지낼 수 있는 오두막집 한 채라도 갖게 함이다. 주거는 심신안정의 보루이다.

행운에게 버림받은 사람은 주어진 세월을 눈물로 보낸다. 의지가 바로 서야 꿈과 희망이 넘치는 정열이 생성된다. 거시로는 국가 안위의 기틀도 된다.

신발과 의복은 제 신체에 맞아야 품위가 나고, 좁디좁은 주거공간이라 할지라도, 불평보다 수용하는 선한을 앞세운 기술적 용도로 살림도구를 배치한다면, 적어도 내 집에서만은 편안한 유복을 누리는 것이다. 소득수준에 맞춘 절약은 부자로 가는 지름이다. 허기를 달래는 정도의 식사량, 갈증을 풀어주는 한 모금의 물은 검소를 친숙하게 받아들인 형태이다. 가난은 굴러 떨어진 영락(零落) 아닌, 새롭게 출발하는 희망의 긍정이다.

시간운명에 매여 있는 우리 인간의 인생. 누구는 영적경지에 오르려는 기도에 매여 있고, 누구는 황금보화에, 누구는 높은 관직에, 누구는 미천한 출신으로의 고통을 짊어지고 있다.

삶의 가치는 뭐니 뭐니 해도 즐거움이다. 그 행복을 정격(正格)으로 삼으려 종교심을 키우고, 별개의 도덕적 계명을 규칙의 제도로 세우기도 한다. 그러나 사람들의 일상사 표정은 그다지 행복해 보이지 않고, 온갖 근심거리로 어둡다. 고된 환경을 인내로 참고 견디는 마음의 조화가 활성화되어 있지 않기 때문이다. 가욋돈 수익 한 푼 없이 회사근무 급료로만 살아가는 형편이라, 돈만 보면 어쩔 줄 모르는 환장의 얼에 쉽사리 유혹된다. 그 슬픔의 해결책으로 누구는 낭떠러지 위험을 감수한 절벽 위에 서 있고, 누구는 돈에 매인 종살이가 싫다며, 자유로운 유랑의 길을 걷는다. 우리들의 자화상이다.

재물만을 좇는 욕망은 멀리 쏘다니는 성질을 안고 있다. 하나님께서 반겨 맞아줄 리 만무한 최상의 유행만을 좇기에 자신이 누구인지를 망각하고, 신상의 안위와 거리 먼 허상을 찾아다닌다. 진실한 행복은 바깥 아닌 내 안에 있다. 한껏 부풀린 물욕을 조금 줄이는 절약으로 끌어내려 평균 수준에 맞춘다면, 얼마든지 단순하게 발견할 수 있는 깨달음이다.

다른 사람의 사정은 아랑곳 않고, 무작정 사납게 덤벼드는 자는 참을성이 핍박한 인물이다. 상대방의 노여움을 불러일으키는 척박의 반증이다. 영혼이 메말라 행실을 삼가지 않는 비뚤어진 무지이다. 자신의 괴로움으로 남에게 피해를 끼치는 어리석은 행태이다. 이 사람들 불행의 나락으로 떨어졌으면 좋겠다. 그래야 더할 나위 없이 고귀한 영혼을 느낄 터이니.

사회성 욕설이 난무하고 있다. 크고 작은 사고·사건이 끊임없이 이어지고 있다. 나라의 미래를 짊어질 초등생들의 말투도, 수단방법을 가리지 않고, 돈과 명예를 좇는 비리의 범행을 서슴지 않는 어른들을 닮아 불경하게 거칠다. 관계성 신뢰는 이미 무너졌고, 또 붕괴조짐을 안고 있다. 나라 장래가 걱정스럽다.

품종이 뛰어난 향 짙은 과일은 건강한 나무에서 얻어진다. 복의 열매는 명철의 입술에서 나온다. 사람의 유순한 미소는 사모함인 데, 날로 좁아져가는 그 밝은 희망 빛마저 온갖 원망의 목청에 삼켜지는 것이 아닐는지....

인생은 스포츠경기처럼 부딪치는 맞싸움에서 성장한다. 과거를 함께 공유했던 그때 그 사람과의 기억의 충돌일 수도 있고, 현안을 둔 견해차로 사이가 벌어질 수도 있고, 절대 물러서지 않겠다는 혈기 대 혈기와 머리를 치고 박는 염소의 외다리싸움일 수도 있다. 그 음양의 공통점은 생존이 걸린 삶의 주도권은 내줄 수 없다는, 피 뛰는 반응에 기원을 두고 있다. 삶속에서 만신창이로 입은 실패의 상처가 아무르도록 치유해주면서 가슴을 펴게 하며 앞으로 힘차게 달려나가게 하는 희망! 내 안에 수많은 능력이 명랑으로 날뛰는 송아지 기쁨! 과연 그대에게 있기는 한 건가? 묻지 않을 수 없다.

꿈은 미래를 여는 날개이다. 침묵에는 형상이 없다. 무념이기 때문이다. 귀를 기울여둔 마음의 동요에 따라 형상을 그려내는 것은, 자신 몫의 생각에서 비롯된다. 모든 사람의 삶을 나의 방식대로 뜯어고치겠다는 부풀린 열망은 사려 깊지 못한 이기심이다.

지식은 정신적 수준을 높여준다. 지혜는 명예를 빛내준다. 변치 않는 진리의 모든 가르침은 성경 안에 들어있다.

말이 많은 자는 참견을 좋아하고, 하늘의 지혜는 혀를 깊이 감춘 성결의 기도 중에 신선한 영감이 부여된다. 활동량이 적으면 그만큼 운명이 쏘아대는 화살을 덜 맞으나, 겉모양의 장식으로 꾸민 가식은 불안정하여, 그 베일이 벗겨지면 신뢰 상실의 해를 보게 된다. 선행 심은 상대방의 안색을 밝게 하고, 신심이 굳센 사람은 자신을 돌보는 의무를 다하기에 하나님 앞에서도 떳떳하다.

가거라. 선량의 미덕이 실종된 패망의 오만이여. 시인은 생명을 경외하는 노래로 앞이 안 보이는 캄캄한 지옥세계 물리치리.

하나씩의 생명

어느 집 담벼락에 늘어진 라일락, 다음에 연분홍 꽃 철쭉. 회색고양이 한 마리가 웅크린 몸을 숨겨두고 있다. 어디선가에서 불어온 훈풍, 반쯤 자란 나뭇가지 연한 입새 들어 올리며, 그 그림자 모양 그대로 창유리에 그려 넣는다.

한낮의 봄날 기온, 덥다싶을 정도로 높다. 사월 중순인 데, 벌써 반팔 입어야하는 여름더위? 서리가 들붙어 얼어붙은 상고대 추위에서 벗어난 지 얼마나 됐다고, 여기저기로 꽃구경 다니는 나들이객들 너나없이 눈부신 화사에 환희의 춤을 덩실덩실 춘다.

여리게 고운 새순 향기, 즐비하게 늘어진 수목 길 따라 걸으며, 가쁜 숨 몰아 내쉬며, 낮게 떠 흐르는 조각구름에 손짓거리는 여유를 부리며 원기를 회복한다. 온 사방에서 자라는 생동의 삶을 정상에서 두루 둘러보며, 예감 좋은 영혼의 정신으로 산에서 산을 넘나든다. 간혹, 뒷걸음질 치게 하는-환상을 깨우는 변덕스런 방해꾼 사월의 돌풍이 문제다.

값없이 누리는 지금의 행복을 방해하는 세력은 아무도 없다. 누군가가 귓속말을 하는 소리가 들려 돌아보니, 흥을 돋우는 바람이다. 실로, 오랜만에 체감하는 되감기 우정이라 반갑게 품어 안는다. 그 안에-땅속에서 수태의 숨결소리를 듣는다. 계절시기에 맞춘 단계적 체력을 키우며, 새순 다음 꽃가지 위로 여물어질 가을열매를 미리 내다본다.

미덕이 아름다운 것은 불순을 흡인하는 빛이기 때문이다. 미덕은 현 운명을 호들갑스럽게 불평하지 않고, 당한 해악을 선하게 해석하며 성찰의 거름으로 삼는다. 미덕은 악의 세력으로부터 자신을 지켜내는 높은 성벽임과 동시에, 성산(聖山)을 오르는 뒷배이기도 하다. 미덕의 웃음은 선량하긴 하나, 최상의 기쁨은 아니다. 미덕의 중심 무게는 하나님께 순종이라는 신앙에 기반을 두고 있다.

상대성에 따르면-적대자가 없으면 미덕은 무력해진다. 나를 사랑하고 그 사랑으로 나의 삶을 지향하라. 사랑은 먼저 자신과의 화목이다. 나를 사랑하는 사람은 결코 자신에게 해악이 될 나쁜 짓거리 따위는 하지 않는다. 사랑의 진가는 위기에서 드러난다. 그 기질로 구덩이에 빠진 사람을 향해 손길을 내밀어 위로 끌어올려주는 생명 존중을 나타낸다. 모든 사물 속에는 그 하나씩의 생명이 있다. 하나님의 가슴의 숨결이다.

나부터 한 사람씩 사랑으로 껴안길 바란다. 내가 무언가를 주기 전 그때까지는 나를 보인 사랑이 아니다. 사랑은 신분적 높낮이를 떠나서 모두를 평등으로 대해준다. 사랑은 성장을 키우는 가꿈이다. 사랑은 아픔을 치료하는 약손이다. 순수한 사랑은 온화의 햇살이라 모두가 공감한다. 험한 성질의 인상자도 그 앞에서만은 가슴을 열고 얼굴을 편다.

약하면 늘 넘어진다. 남과 자신을 비교하며 열패감-열등감을 키운다면, 순수성은 반량으로 줄어진다. 주어진 오늘의 본분에 장인정신의 원칙을 다진다. 그 포용의 작업도 사랑의 몫이다.

비록, 시대의 아류에 떠밀린 말석일지라도, 마음 편히 두 다리 쭉 뻗고 정원 너머로부터 날아드는 꽃무리 향연을 맡고 있다. 남이 가리키는 어떤 물질적 사물을, 운명과 상관없이 혼돈의 정신머리로 멀건이 건너봐야 했던 일전의 감정 누르는 괴로움은 사라졌으나, 보고 듣는 모든 것이 지금도 수수께끼 베일에 싸여있다.

상냥한 미소로 생명을 돋우는 눈길을 보냈던 태양, 서서히 서녘의 붉은 노을로 가라앉는다. 장독대고양이 몸을 일으켜, 우죽을 띄운 오동나무그림자 어른거리는 유리창 아래 벽면을 등진 제집으로 들어간다.
 거품음료 마시며 일찍 핀 라일락 향내에 취해 있던 자취생아가씨, 빨랫줄 옷가지를 걷어 안으로 들인다.
 하얀 찔레꽃 덤불숲속 서늘한 공기 감돈다. 별빛들 밤이라 더더욱 감미롭게 차갑다. 아프다며 내내 누워 시간을 보낸 아가씨 꾀병 부렸었나? 잠결 몽상 온데간데없이 두 팔 벌리고 달려가는 통통걸음 신발하게 상쾌하다. 낮에 다녀간 시인할머니 다음으로 찾은 자매, 분별없이 쥐었단 누군가의 비밀을 품고 있을 그 가시에 찔릴 새라 조심조심 접근한다. 처녀의 몸으로 바쳐질 몽골족에서 마음씨 좋은 주인의 극진한 은덕으로, 그리었던 가난한 옛집으로 돌아와 찾고 찾은 혈육들을 끝내 만나지 못한 착한 소녀의 슬픈 이야기를 들려준 엄마가 고향산천 꽃이라며 애지중지 보살폈고, 조부시대에는 보릿고개 넘도록 연한 순을 제공했다던, 장미의 엄마다운 찔레꽃 화사로 주변 환경 그다지 어둡지 않다.
 수수한 청초의 평화가 넘실거린다. 머나 먼 높은 곳으로 눈길을 쳐든다. 별을 따다 덤불숲에 걸고 싶다는 여심은 꿈을 꾼다. 현명하다고는 할 수 없으나, 미남자 그리는 호기심 방실하다.

향유가 독의 고통이 되었는가.

　　　　　　다툼을 내려놓은 겸양한 자는 하늘의 은혜를 받을 기회가 가깝다. 하나님의 형상대로 지음을 입은 인간은, 생존의 본능으로 먹이사냥 시에만 사력을 다해 뛰는 네 발의 짐승과 달리, 이성의 주관을 가지고 있다. 목표를 말하는 것이다.

시간을 들인 층층의 노력을 쌓았는데도 불구하고, 그 성과가 없다면 심기는 허탈에 빠져든다. 남아도는 시간을 술집 또는, 주색 좇음에 흘려버리는 분주도 일종에 여가 즐김이다. 남의 놀이를 기웃거리는 행보 역시도 사회 환경의 적응이다. 인생은 이토록 혼자만의 외로운 소외에서 벗어나려는 기발을 동원한다. 자신을 곡해하는 착각의 병을 키우지 않겠다는 자유의지이다. 자신과 아무런 관련이 없는 남의 사생활의 비밀을 캐겠다며, 그 집 창문에 귀를 붙여 엿듣는 염탐은, 주거침입죄에 해당 된다는 점은 상기하자.

현혹된 마음은 정시(正視)를 하지 못 한다. 지각이 막힌 그 속에 묻혀 정작 해야 할 일, 즉 자신과 마주

앉아 나는 누구인가 묻는 회고를 등한시한다. 이해 멀게 이상한 점은, 집에서 가장 만나보기 힘든 사람은 바로 자기 자신이라는 눈가림이다. 평정을 깨는 근접의 악덕은 자제를 잃은 변덕이다.

일이 풀리지 않으면 초조에 떠는 긴장감 높아진다. 깨닫는 등불의 지각을 지닌 인간만은 잘한다 싶었는데, 아득히 멀어 손길에 닿지 않는-끙끙 앓는 생명의 강파름이다. 가슴속에서 시름시름 앓는 병 잊을 놀이할 공간만이라도 있다면, 그까짓 골치 아픈 근심쯤 쉬 망각할 수 있겠으나, 현실은 한 치 앞도 내다보이지 않게 캄캄 절벽이다.

지능이 떨어지는 바보와 어린아이는 거짓말을 못한다. 그대에게 딱 맞는 나의 대답은, 모든 이력을 소멸한 사람은, 더 이상 한때 누렸던 호의의 옛 영화시대로 되돌아 갈 수 없으므로, 환경적 수동에 젖어 들 수밖에 없다는 것이다.

아무런 방해를 받지 않고 나 홀로 조용히 살기를 원하는 사람은, 공적이나 사적으로 일정한 거리를 두는 것이 좋다. 그러나 바깥이 시끌시끌하다면, 편안히 누운 집안에서도 본의 아니게 그 소음은 듣기 마련이다.

숙제 중의 숙제인 인생의 진실한 정답을 찾으려,

나의 영혼이 나의 걸음을 재촉한다. 발자취를 남긴 생의 의미를 되새기며 오늘을 걷는다. 하나님께서 내리셨다는 예측·예감·감격·영험과 달리, 잡힐듯하다가도 번번이 빗나간 지난날들의 숱한 좌절. 기다리지는 않겠으나, 내가 갈망하는 그 목적의 환상세계는, 어디엔가 존재해 있을 거라는 믿음의 희망만으로 멀고도 먼 그 불모지, 질문 아닌 필요한 대답을 찾아 헤맸던 무전여행은, 아직 때의 기한이 차지 않아서인지 절망, 상처, 방황, 두려움에 떨게 한 모퉁이 언덕일 뿐이었다. 나그네의 길은 그토록 갈 바 잃은 허황된 미로였었다. 분명, 앞만 보고 나간 외길은 잘못된 행보가 아니었음을 확실히 밝혀둔다. 몇 걸음만 더, 아니, 내일까지 찾지 못 하면 생계로 돌아가자.

위선자일수록 언행을 꾸민다. 사회적 욕망은 누군가의 안정된 소득을 가로채려 호시탐탐 엿보고 있다. 그 매력적 유혹에 속지 않으려, 자신보호에 긴장의 경계를 세우는 것이, 곧 자신을 안전하게 지키는 보루이다.

오염된 공기가 나의 폐 병들게 한다. 죽을병일까? 괜스레 걱정이 앞서진다. 산책하는 사람들마다 마스크를 썼다. 먼지를 일으키며 몰려다니는 인파들로 정신피로 가중된다. 대체 자신을 옹호로 세우는 주관적

성격 있기는 한 건가?

교외로 나와 무릇 익은 신록의 자연을 마주한다. 암컷·수컷동물들이 짝 집기 하는 봉우리 절벽바위 사이로 구름그림자 지나간다. 그곳으로부터 발원되는 맑은 산수(山水), 넘실넘실 비벼 대는 개울 물결로 잠든 영혼 깨우는 생명의 노래를 들려준다. 바위벽을 타고 흘러내리는 가는 물줄기. 소풍 나온 두 모녀 한 손에 들꽃 쥐고 시냇가 조약돌 찾는다. 꽃을 좇는 나비 한 쌍, 풀 향기 깨끗한 초원 상공을 날고 있다.

세월에 쌓인 내면의 창의력이 나의 감각을 통해 울린다. 더듬더듬 협소한 손가락 끝으로, 성소(聖所) 제단에서 흘러나오는 생수의 모양새를 시흥(詩興)으로써 그려내려 하나, 서두에 붙일 색상표현의 항체가 불분명하다. 중성이 아른 하게 멀어 파랬다, 빨간 유황불이었다, 도대체 감이 안 잡힌다.

수명 제한 속에서 길을 쉬 잃는 인간들의 기도입김의 응답이라며, 구름을 거둬 잠시잠깐의 태양을 보게 한 뒤로 그 감사 담은 두 손의 동냥으로 연명책을 세운 오만의 가짜 신(神). 나더러 너를 존경하라고...? 한동안의 침묵으로 잊고 있었기에 살려둔 그나마 신뢰마저 깨트리는 그 능수능란한 말솜씨, 후각이 뛰어난 개 꼬리치는 몸짓으로 뀐 방귀 날리며, 피할 눈치부터 굴리는 술책이 아니던가.

무엇이 아쉬워-무엇 때문에 내가 너를 향해 무릎 꿇는 도움을 요청해야 한단 말인가? 무거운 등짐에 눌려 제대로 일어설 수 없도록 낑낑 용을 썼을 때, 그 고통 덜어준 적 있었는가? 비웃음으로 방관하지 않았던가. 영문 모르는 어떤 불안에 떨고 있었을 때, 그 눈물을 씻어 준적 있었던가? 나를 위로하며 남아로써 단련케 한 대상은, 무수한 시간을 함께해온 나이의 세월일세.

내가 아는 지금까지의 너는 위장술일수록 사전 준비로 외워둔 달변을 좀처럼 그칠 줄 모르고 마구 떠들어댄 것이었다. 그러니, 거짓을 입술에 아예 달아둔 너를 내 어찌 들고나는 정체 몰랐던 초심의 믿음으로 따를 수 있겠는가. 착각하지 마라. 네 말을 듣지 않겠다며 너에게 보내는 나의 항변은, 가시엉겅퀴로 사지를 칭칭 묶는 포승이다.

향유가 독의 고통이 되었는가. 마신 사랑의 잔이 경멸의 마약이었던가. 스스로의 비난으로 살육의 기치를 들고, 자신의 가치를 사나워진 혈기로 파괴하는 그대여, 스스로 저주를 받겠다며 서둘러 지옥의 문마저 닫게 하는 천둥의 벌을 불러들인 그대여, 탄식 지르는 그 못된 짓거리, 하늘의 소망을 좇는 선량인 들에게는 입히지 말게나. 그러다 그대보다 더 크고 강하신 하나님의 진노에 손발이 묶이지 않을는지...걱정이 크구나.

성전 뜰에 엎어져서 숨도 쉬지 않는 사람들의 환영에서 멈칫 떤다. 고난의 십자가를 지고 신앙심을 키우겠다는 기도보다, 물질우상을 좇는 생떼로 하나님의 엄벌을 기어이 불러들인 죄과로, 한날한시에 떼죽음 당한 사이비 영혼들이다. 그 주변에는 그들이 사치로 치장했던, 어마어마하게 비싼 금붙이 물품들이 어지럽게 뒹굴고 있다. 화려함에서 떨어진 꽃들의 썩은 악취는, 풀 퇴비보다 더 지독하다. 파리의 우글우글 구더기들이 그 몸속으로 드나들고 있다. 온갖 형상들 저 멀리 피하고, 횃불마저 명멸직전, 마침내 길도 찾을 수 없이 칠흑 어둠에 덮였구나. 산림이 떨며 숨결을 죽인다. 파멸로 내달리는 쇠사슬 자초에 너무 놀란 피 멈추고 말았다.

짐승의 혼은 아래로

　　　　즐거움의 원초에는 쓴 약의 뿌리도 동시에 묻어져있다. 편견이 강할수록 정신적 고통은 그만큼 깊어진다. 사변이 사물을 구분하는 분별이건만, 돈, 돈만을 좇는 현대인들은 철학의 가치를 잃고 이리저리 휩쓸려 다닌다. 타오르는 불 바퀴 떨어져 나간 줄 모르고, 그 사고로 한편으로 잔뜩 기운 자동차와 함께 길바닥에 내동댕이쳐진다. 굴복은 싫다, 허세로 실마리조차 그려지지 않는 누리끼리한 맹신으로 돌진한다. 목표 없이 갈 바를 잃고 얼굴 붉힌 분노를 세우고 갈지자로 헤맨다. 그러다 허허 사막을 누비는 전갈에 물려 시름시름 앓아 눕는다. 앞날의 전망은 날로 흐려질 뿐이니, 점쟁이 불러 운세를 묻는다. 짐승의 혼이 땅속에서 솟아오르며 화, 화, 화 소리를 지른다. 기겁을 먹고 산들과 바위에게 제발, 하늘의 진노에서 우리를 숨겨 달라 아우성친다.

　귀가 멍멍해지도록 얻어맞으며 틀 잡은 행복은, 한 대의 주먹 가지고는 쓰러트릴 수 없다. 지독한 불운 시절에 이미 체질을 콘크리트로 굳힐 대로 굳혀뒀기에, 웬만한 도발성 위협에는 눈도 깜박거리지 않는다.

더는 세상에서 얻어맞지 않고-자신을 지켜내겠다는 지나한 학습이 길러낸 불구대처이다.

그 당시 그는 어느 한쪽으로 기대든 상처투성이 고통 위에 누워있었다. 그 덕분에 북치고 장구 치는 일락의 쾌락을 좇는 유혹에 말려들지 않을 수 있었다. 삶의 진실은 처음부터 빠져나갈 궁리를 정해놓고, 대충대충 넘나드는 자에게는 관심을 전혀 두지 않고, 살을 찢는 냉혹한 채찍으로 추운 한데로 일괄 몰아냈다.

세상은 일등을 먹은 자에게만 뜨거운 박수를 보낸다. 나머지 경주자들은 패자로 밀어낸다. 사람들의 안중의 시선에서 멀어진 그들은-사기가 꺾인 그들은-눈물을 머금을 수밖에 없다. 얼마나 피와 땀을 쏟는 노력을 기우려야 기대치 높아지는 인간이 될 수 있을까?

사람이 정(正) 되는 과정은 녹록치 않다. 교육이 사람을 만든다고 하나, 교육수준이 높다는 사람들 중에서도 기질이 아주 나빠, 가족이나 사회에 파괴적 해악을 끼치는 성질 자 수 상당하다.

사람이 됐다는 인정의 기준은, 상대가 거북하지 않도록 적당한 거리를 둔 경우를 말한다. 사람들이 많이 모이는 공공장소에서 예의를 저버린 문란은, 눈살을 찌푸리게 하는 행태이므로, 인간이하의 취급을 받기 마련이다. 자신을 다스리는 수양부족이 부른 자초이다.

  부모의 과잉보호를 받는 자녀들일수록 남을 배려하는 태도가 올바르게 갖춰져 있지 않음을 종종 목격하게 된다. 아이의 길거리 말은 곧 그 부모의 말이다, 말처럼, 바깥에서도 보호 차원에서 뒤를 따르며 바르게 일러줘야 할 부모가 개념 없이 제 편리만으로 가게 영업을 방해한다면, 그 자녀도 그 행실을 그대로 본받는다. 그 부모가 잡아 끄는 대로 따르기만 하는 이런 아이들의 성향은 양보를 모른다. 출입문이 열렸을 때, 맞은 편 사람이 먼저 나오면 옆으로 비켜서서 잠시 기다리기보다, 무작정 밀고 들어가므로 신체충돌을 유발한다.

  넘어졌을 때 그 자리에서 손을 털고 일어나는 역경을 치러봐야 세상의 도리를 지키는 방법을 안다. 매질을 받지 않는 늘 평안은 참 행복이 아니다. 긴장의 끈을 놓은 나태한 몽롱은 불행의 씨앗이다. 공중부양만을 띄우는 과시는 참을 버린 자태이다. 어떤 일도 일어나지 않기를 바라는, 취생몽사(醉生夢死)에 잠긴 나른한 심약자이다. 이런 환경에 오랫동안 젖어 있으면, 자신을 쓰다듬는 사랑마저도 식어 버린다. 샘물 같은 웃음도 메말라 안색 핏기가 차갑다. 죽음과 키스를 나누는 쓸쓸한 냉기의 모습이다.

무릎까지 꿇게 하는 인생무게에 힘들 때 흘리는 눈물은, 살아 숨 쉬는 아픔이다. 그 눈물채로 바라보는 태양은 생감의 미소가 아니라 흙빛이다. 신앙을 가진 사람은 육신이 힘들 때 섬기는 하나님께 먼저 엎드린다. 죽음을 보지 않고 불 병거를 타고 하늘에 오른 엘리야가 그랬다. 기도는 심신을 어루만져주는 위안이다.

내 안의 생명은 내가 깨워야 한다. 그 영혼의 불꽃이 꺼지지 않도록 돌보는 것도 나의 삶이 할 일이다. 하나님의 정신이 빛나는 생명의 혼이 돌 틈 사이에서 사이좋게 활동하는 모습을 본다.

삶의 미덕인 겸손을 말하지만 착하면 약해 보인다. 약한 것은 부서짐을 안고 있다. 준비해둔 뜻을 남겨두고, 생을 마감한 각양각색의 사람들, 예측불허의 인간사를 말해준다.

선천적으로 열등한 사람은 아무도 없다. 똑똑하다는 사람들의 편견일 뿐이다. 그 사람의 인격 틀은 생활환경에서 형성된다. 그 무서움은 어제의 내가 아닌 오늘의 나의 어른이라는 점이다. 사리분별을 지닌 어른에게는 책임이 부여되어 있다. 제이의 천성으로 불리는 이유이다. 그 어른이 내린 판단의 결과에 따라 지식, 믿음, 기타 자료들로 설계해둔 자신의 집만을 지을 수 있다. 영속은 개체 전체를 하나로 묶는 작업이다.

꼭, 어떤 인물이어야 한다는 멍에는 지고 싶지 않다. 꼭, 어떤 일을 해야만 한다는 의무감도 배제하길 원한다. 맛의 집착, 어떤 지식에도 매여서는 안 된다는 울림이 나를 정지시킨다. 그럼에도 일과를 마친 후, 씻고 잠자리에 눕는 일상은 바뀌지 않고 반복되고 있다.

아주 작은 습관은 나의 체질을 바꿀 수 있는 저변의 힘을 지녔다. 내가 대체 누구인지 알지 못하여 떠난 여행지. 세상에서 일어나는 모든 일들을 보는 나의 눈, 사물들의 온갖 소리들을 듣는 나의 귀이기에 이 모든 것 나의 소유라 우기는 나. 그러나 실상은, 아무것도 손에 쥘 수 없는-손가락 사이로 빠져나갈 뿐인-꿈에 지나지 않는 허상물이다.

불운했다는 지난날들의 반 자유 여독이 풀리지 않은 탓인가. 현재의 삶을 푸념하며, 미래에 대해 절망하는 한숨은 한탄이다. 이런 인물이 되고 싶었다는 불안의 부자유가 안겨준 분쟁의 고뇌이다.

필요에 따라 주변에 대해 알아야 한다는 것은 사

회적 통념이다. 정말로 필요했던 욕망이었는지 묻고 싶다. 과시가 채워지지 않았다면 낙맥에 떠는 것이 강한 척 허세 부리는 사람의 약점이지 않는가. 그때에 모든 것을 떠나, 전혀 낯선 타지에서 소유욕을 내려놓았더라면 종양은 자라지 않았을 터인데....타인에게 매이지 않고 자신이 자신의 주인인 줄 알았더라면, 오늘의 운명 흔들리지 않는 평온이었을 터인데....

내 말을 가둔 침묵, 열린 귓속으로 맑은 가락의 시냇물 소리 듣는다. 나의 것으로 붙들지 않고 바라만 보니, 아득히 먼 푸른 하늘이 응답을 내린다. 자신을 돌아보는 순리를 잃고 분주히 뛰는 인생 자들은 실상, 가장 성의(誠意) 없는 삶을 사는 인물들이다. 그들은 음악을 귓전으로 흘려 듣는다. 선율을 모르니 음악의 참 의미를 모른다. 시를 읽지 않으니, 시가 안겨주는 심오한-촉촉한 기분을 알지 못한다.

정서가 메마른 감성은 강박하다. 이런 기분 상태로는 제대로 해내는 일 역시 아무것도 없을 터이다. 사랑이라는 명분을 내세워 둘을 하나로 묶고 자신의 영원한 소유라며 놓지를 않는다. 인생은 구속 없는 자유를 누릴 때, 살아 있는 창의력기술을 발휘하는 법. 참나무와 삼나무는 조밀한 지역 내 그늘 속에선 자랄 수 없는 법. 함께이되 거리를 두고 맞춘 눈은 안정이

보장된 슬기로운 생활.

드리어진 그림자는 그림자일 뿐이다. 독립변수가 아닌 그 그림자에 소망을 건다 할지라도, 현실에 적합한 생산은 일어나지 않는다. 결실의 소망은 땀 흘리는 수고에서 키워진다. 난해한 모호는 이해가 쉽지 않아 성마르게 한다. 발버둥을 쳐도 모종의 기미가 보이지 않는다면, 당장의 해답보다 좀 더 자신을 숙성하는 담금으로 기다려야 한다. 이럴 때일수록 정체 불명의 입술로 떠드는 여러 말 듣는 것을 삼가야 한다. 혀 놀림이 달콤한 농락 자에게 자신의 인생이 송두리째 빼앗길 수 있기 때문이다. 고기를 덜 먹고 때를 기다리는 숭고는 고통을 녹인다. 인내는 미래의 기반을 든든하게 다지는 영감의 저력이다.

때마침 적기에 맞추어진 문제해답은 환영으로 반겨진다. 좋은 일은 믿음의 신뢰가 장착된 안정의 환경이다. 우정에서 존경심은 관계의 중심축이고, 그 차별 없는 공존 속에 서로를 옹호로 감싸주는 둘의 관계는, 미덕의 조력자로까지 발전한다. 미덕은 협력십의 목표를 함께 그려보게 한다. 우정은 지배 아닌 평등이다. 과도한 우정은 그 어떤 불쾌감을 안겨준다.

가르치려는 의도는 친구의 우정을 가른다. 심리부담의 불편을 끼친다. 우정의 최고의 가치는 마음이

놓이는 평심이다. 반대로, 그로 인하여 집안에 좋지 못한 현상이 들이닥친다면, 귀신을 내몰 듯이 바깥으로 극구 내쫓김 당한다.

죽음은 때와 장소, 나이를 가리지 않는다. 그러나 나이 적으로는 희망을 향해 달리는 젊은이들보다, 오래 산 공로로 누릴 거 다 누려본 노인들이 분명 죽음에는 더 가깝다. 연대가 긴 그 노인들은 그 고통을 피하는 방법을 알고 있다.

죽음은 한 인생의 종말이다. 이전의 나의 나로 되돌아갈 수 없이 흙으로 사라진다. 현명한 사람은 그 죽음을 평온으로 맞으나, 한이 많은 사람은 두 눈을 부릅뜨며 발버둥 친다. 이후에 사람들이 믿고 싶지 않아 무시해 버리는 삶의 심판이 있다.

선인과 악인의 차이

값비싼 그릇 장만보다 여간해서 관계가 깨지지 않는 평생지기 만남이 인생의 빛이다. 세상은 물질에 물질로 엮어져 있다. 비 생명체인 그 물질은 자연에서 재질을 받아 만들어진다. 하여, 비 생명체인 그 물질의지보다, 누구에게든 차별 없이 동등하게 맞아주는 자연을 벗 삼는 것이 심신위안의 참 평안이다.

인간의 감정은 일편하지 않다. 자신의 편의에 따라 언제든 말과 태도를 바꾼다. 그러나 홍수방지는 물론이고, 이산화탄수를 흡수하는 신선한 공기로 지구의 허파 역할을 톡톡히 하는 자연은 배신을 하지 않는다. 하나님의 계시의 숨결을 느끼게 할 뿐만 아니라, 어지러운 세파를 바쁘게 좇다 지쳐 절로 스르륵 감기는 눈의 피로를 풀어주기도 한다. 또한, 기도의 응답인 신탁이 명료해지면 병세치유도 받을 수 있다. 더 놀라운 기적은, 천하의 악인도 이 안에서 오랫동안 정을 붙이고 산다면, 성질이 차분하게 온순해진다는 점이다. 알쏭달쏭한 비 생명체물질로서는 감히 따라 붙을 수 없는 우정의 요체(要諦)가 아닐 수 없다.

불구는 신체 불균형이다. 영혼의 불구도 자주 넘어지는 습성을 안고 있다. 사회생활의 불편은 직속상사가 경쟁을 다투는 회사 기밀을 아무도 모르게 빼 오라는 음모론을 어쩔 수 없이 눈치껏 실행에 옮겨야 한다는 특수한 상황의 눈물을 삼키는 일일 것이다. 만일, 상사 위치에 선 당신에게 부하 직원에게 그런 지시를 내리겠느냐는 물음에 돈 되는 장사인 데 못할 것 없다는 답변을 내놓는다면, 그대는 영락없이 불의에 속해있는 불한당이다.

　선의는 부정이 끼지 않은 무해이다. 사랑의 호의가 자연을 닮았듯이, 자연은 아끼며 애정을 쏟는 만큼 적합한 은혜로 보답한다.

　선덕은 폭리를 취하지 않는다. 폭리로 도움을 줄 누군가를 확보해두려는 의도를 품고 있다면, 그는 선의의 품위를 깔보는 사람에 해당된다.

　악인이 선인을 마음에 들지 않아 하는 까닭은, 죄를 좇는 일을 가로막기 때문이다. 바른길 보행은 이처럼 악인과는 함께할 수 없다. 상대방에게 지금의 내 마음 상태를 그대로 털어놓는다면, 악인은 약점을 잡고 나쁜 평을 퍼트린다. 그러나 선인은 위로가 되는 긍정의 격려로 희망을 키워준다. 부에 눌러앉은 악인은 사람을 비인격 행태로 부리나, 돈을 쓸 줄 아는 선인은 가난한 이웃을 대접한다. 많은 말을 들은 사람은 종합적 판단이 어지럽고, 지혜 자는 한마디 말속에서 참됨을 헤아린다.

좋은 말, 좋은 생각으로 편안한 미소를 머금은 미덕으로 존중을 받는 선(善) 안에도, 독(毒)을 머금은 악(惡)의 씨앗이 함께 자라고 있음을 명심하자. 두 마음을 말하는 것이다. 다만, 타락으로 유도하는 그 악에 동의나 동요하지 않음에서 선은 돋보이게 된다는 점도 상기하자.

선의의 타락은 신성체험을 등진 신앙이탈에서 비롯된다. 신앙은 죄악과의 승리에서 고명하게 굳건해진다. 흙과 유기물이 해감에 씻겼을 때, 하나님과 보다 친밀해지는 점성을 체득하게 된다는 이치이다.

돈의 영향력으로 못 마땅하다는 속내를 자기 마음대로 화기로 표출하는 부자. 이렇게 모든 욕망을 손아귀에 쥔 사람이라면 부족함이 없다? 과연 그럴까? 피조물의 인생은 흙냄새와 사계절기후를 맞고 있는 한 언제든 변수로 흔들린다. 그러므로 섰다 했을 때, 땅이 꺼지는 함정에 주의를 기우려야 한다.

산다는 것은 굉장한 축복이다. 그러나 그 과정에는 투쟁에 버금가는 용기의 힘을 요구한다. 우리는 식물을 먹는 육체의 틀 안에서 사는 동안 여러 모양의 과제들에 직면한다. 그 과제들을 수고를 다해 용케 해결했더라도, 또 다른 압박감의 도전이 연속으로 이어진다.

우리 모두는 메마른 하얀 문제와 만나면, 그대로 끌어안고 머리 터지도록 고민에 고민을 거듭한다. 얽히고설킨 실타래를 어떻게든 풀어보겠다며 머리를 쥐어박는 몸태질의 고민은, 난제를 찾으려는 성격의 하나이다. 걱정을 실어 삶의 끈을 놓지를 못 한다. 실마리가 도무지 잡히지 않는 이 막막한 기간이 길어지면, 바닥을 드러낸 인내는 상심 병을 앓기 시작한다. 자신의 능력을 과도하게 끌어올린 환상의 과신이었던 -추측 적 가설이었던 일념의 연장선상이다.

체력이 부쳐 목표의 정상까지 오르지 못한 것에 대해 자책을 가질 필요는 없다. 큰 계획-큰일을 시도하는 사람이 자신의 의지보다 엄청 무거운 이상에 도전하는 것은 자신감에서 우러난 자립정신이다. 그 굉장한 압력에 눌려 설사 질식에 이르렀다 할지라도, 자신의 힘의 한계를 사전에 점검했다는 사례는 다음 기회의 비축이다.

말해 보아라. 어찌 그리 빨리도 명예를 잃었는지를....젊음의 한창이 경솔이라면, 늙은이의 분별력은 산전수전을 뛰어넘은 백발의 지혜가 아니던가. 하필, 그때 세상을 잊은 듯 아둔해졌다는 심신을 탓하지 말게나. 목청의 쩡쩡 아직도 광채가 번쩍번쩍 우렁찬데, 한 순간 멍했었다는 변명을 늘어놓다니...머리도 쓰는 훈련에 따라서 오래전에 묻어 보관하고 있다는 보물장소 잊어버리지 않고 기억하고 있는 바인 데, 경쟁률이 높은 치열을 뚫고 움켜쥔 벼슬을 보름 만에 놓쳤다는 말 도무지 믿기지가 않네. 열정의 관심이 자정의 능력을 배가로 키운다는 점 모르지 않을 터....

가만, 오라. 그대가 절벽에서 추락했다는 기억 상실의 문제가 아니라, 현인들이 잠들어 있는 그 머리맡 비문을 읽어보지 않았기 때문이지 아닐까? 그 비문에 '명이 짧은 이유는 사인(私人)의 조용한 삶 위에 서지 않은 결과'라는 문구가 새겨져 있지.

문제는 문제를 낳는다. 사안에 따라 길고 짧아지는 문제풀이는 현장에 답이 있듯, 그 원인 규명에 달려 있다. 겹첩으로 얽힌 문제를 문제로 방치하면, 실상 동인(動因)을 바라지 않는다는 속성을 깔고 있다는 반증이다. 여기서 중요한 대목은, 현재의 심신건강이 어떠하냐이다.

흔들리는 의자에서는 앉아 쉴 수 없고, 작은 구멍에 의해 거대한 댐은 무너진다. 무엇을 먹을까, 어떤 옷을 입을까 사치로 하루를 시작하는 보통 사람들과 달리, 성취감을 높이려는 사람은 자의(自意)적 이욕이 강하다. 그런 사람은 길이 없으면 터널을 뚫어서라도 다닐 길을 만들어낸다.

우리가 깨달았던 그렇지 않든, 시간은 우리의 모습을 변모시킨다. 습관은 우리의 삶의 모습을 변형시킨다. 예술작품은 그 일에 혼신을 바친 그 창작자의 빛이다. 그러므로 그 정교한 업적을 세상에 내놓은 창작자는, 그 작품의 속성을 누구보다 가장 깊이 안다. 존재의 무(無)를 존재의 유(有)로 이루어낸 작품성 부족의 모자란다 싶은 부분을 손쉽게 고치며 보완한다.

시간은 공짜가 아니다. 시간은 영원하나 피조물에는 제한이 있다. 인류는 그 안에서 성공여부의 결말을 짓는다. 그러나 시간을 소명 없는 빈둥거림으로 흘려보낸 사람에게는 결산이란 없다. 시간을 유용하게 활용하지 못한 졸가리 대가이다. 이런 사람은 주인으로서의 특권을 누릴 수 없고, 윗선에서 시키는 일만 따르는 째마리 심부름꾼에 불과할 뿐이다.

머뭇거림도 숨을 내쉬는 삶이다. 꾸미는 용색(容色)으로 분주한 소음에서 벗어나고자 자연 속으로 들어와 여가의 집을 짓고 살지만, 이번엔 짐승들의 밤낮없는 울부짖음이 신경을 괴롭힌다. 소란은 평온을 앗아갔다. 빼앗긴 평안 자리에 세속인의 옛 심술궂은 부아가 둥지를 틀고 앉아있다. 격조를 잃은 정신머리는 번잡한 소동에 시달린다. 수용이 안 되니 격심이 날뛴다. 비천(鄙淺)이 따로 없다.

  하루가 저물 지 않을 것 같은 기나긴 여름햇빛을 반사하는 찬란함에 눈이 부셔서가 아니라, 지평선에 펼쳐진 울창한 숲에서 피어오르는 안개를 나뭇잎들이 흡수하여 무지갯빛 물을 만들어 뜨거운 대지를 식히는 자연광경이 참으로 경이하여 말문이 막혔던 게요. 또 하나 신비는 반석이 피어낸 석류나무 한 그루였다오.

  오겠단 사랑 내음 기다리며 부채로 하품 가리는 피로를 끼고 앉아 모기 쫓는 모닥불마저 꺼진 화덕 재를 부젓가락으로 쑤셔대며 푹 잘 구워진 옥수수 끄집어내 아니 오는 임 그리는 별빛 밤 하모니카노래로 달래본다.

경험은 산 증언

　　　　　　　인간 내면의 성장은 자신과의 다툼이다. 두말이 필요 없이 지속적인 노력은, 방면의 성공에 가깝다 할 수 있다. 성질이 전혀 다른 격정의 부류 속에 끼어 있거나, 그와 어울리게 된다면, 정상적 균형을 가지런히 잘 갖춘 식자는, 그 낯선 환경 적응에 상당한 어려움을 겪는다. 그러나 한편으로는 동질인 사람의 향기가 못내 그리운, 보수 성향에 갇힌 자신을 일견 깨우는 회리바람일 수도 있다.

　두려움은 자신감이 마른 공포 속에서 키워진다. 나무는 바람의 강도방향에 맞춰 세차게 또는 약하게 흔들린다. 그러면서 온몸 운동을 하면서 땅속뿌리를 더 깊이, 더 굳게 뻗어 내리면서, 한 지체 상류 줄기의 아름을 굵게 키운다.

　긴장은 정신 풀리는 이완을 막아준다. 자신의 불만족스러운 변덕으로 늘 새로운 계획을 세우나, 그 또한 목표가 아니라며 피할 눈치부터 굴리는 행태는 마음이 떠나있다는 뜻. 나중에라도 적성에 맞는 일을 찾는다면 다행이겠으나, 눈총의 놀고먹을 바에야 쉬운 허드렛일이라도 하겠다면 근력은 약해질 수밖에 없다. 죽음의 그림자와 낮잠을 즐기겠다는 문턱보다는 그나마 실익은 하다.

지혜와 어리석음은 한 두뇌에서 움직인다. 지혜 자는 자신의 생각을 다듬어 관찰하고, 어리석은 자는 자신을 들여다보는 주의 깊은 안목이 없어, 내 안의 나를 발굴해 내지를 못 한다. 꼭, 해를 입을 불운은 아니더라도, 자신을 갈고 닦는 과정을 거치지 않은 저렴함이 안타깝다.

평온 속에 흐르는 행운을 모르고, 불운에 의연하지 못함이 나의 나를 잊은 단초이다. 자신의 이해는 자신의 성장과 맞물려있다. 뒷전으로 미루는 것은 미래와 멀어지는 손실을 입는 것이고, 삶의 소명을 잃은 사람들이 한량으로 헤프게 쓰는 시간은, 개인 따위에게는 전혀 관심을 두지 않는다. 시간을 어떻게 활용했는가 여부에 따라서, 훗날에 효용의 가치를 인정해 준다. 그러므로 실험적으로라도 시간 자체를 보지 못하는 사람은 눈물이 마른 자이다. 제 이름 석 자를 제대로 받아 적지 못 하는 사람은 싸구려 취급을 받는다는 이치와 똑같다.

생각의 교류에는 자신을 돌아보는 반성이 있고, 그 혜택은 기도할 내용을 사전에 준비하고, 하나님의 응납을 어떻게 끌어낼까에 초점이 맞춰져 있다는 것이다. 궁극적으로는 신앙의 날개를 달게 된다.

생각 정리는 오브제(미술에서 주로 쓰이는 용어로써 상식의 틀을 깨는 표현 방법)의 밑그림이다. 그 심도함은 생산력으로 이끈다. 그러나 현상화로 나타나기 전까지는 무형물이다.

생각의 조절은 각도에 맞춰져있다. 알파와 오메가는 처음과 끝을 말한다. 이 두 극점 사이에서 우리 인간은 하나님으로부터 부여받은 자유의지 안에서 여러 형태의 삶을 지향한다. 이 믿음에 반하다면 평생 두려움과 죄책에서 벗어날 수 없을 수도 있다.

믿을 만한 사람은 남긴 자취가 군말 없이 정렬하다. 쉽지 않은 성품이다. 세속인들은 눈에 보이는 것만이 실상의 존재라 우기나, 내세를 믿는 신자들은 보이지 않는 무형체도 생명의 본체로 본다. 자신의 체험을 굳게 믿는 영의 사람은, 나의 안에서 내가 아닌 하나님이 항상 계심을 간직하고 있다. 마음 판에 새겨진 체험은 모든 말의 명백한 증언이다.

귀로 들어오는 소음이 없으니 영혼이 잠잠하다. 심장이 뛰는 소리만이 들릴 뿐이다. 내 안에서 숨 쉼 하는 숨결 들으니, 새삼 천하보다 귀한 내 생명의 존재가 자랑스러워진다. 마음을 쓰는 기도가 우러난다. 사리분별이 드높아진 명예로운 영성의 안테나를 하늘 보좌에 닿도록 까지 들어올린다. 침묵을 지키시는 하나님이 그 가운데서 세상을 살아가는 총명의 지혜를 내리신다.

실천으로 옮긴 약속은 신뢰이다. 약속은 하지 않았으나, 실물을 만들어 보이는 제품은 환대를 받는다. 비록, 상대방이 무언을 남기고 떠났으나, 그 이면의 속성을 훤히 읽고 받아들인 결정이므로 쌍수 환대는 당연하다.

마음에는 점성의 교류가 있다. 애인과 속삭였던 지난 시간의 밀애를 혼자서 되새기며, 보다 적극적이지 못했다는 아쉬움을 경각으로 달래며, 다음 만남에서 "사랑한다."라는 고백 꼭 하리라는 다짐의 미소를 머금는 사례가 좋은 예이다.

대상을 정해 놓고 편지를 쓰는 것과, 독서로 책의 저자와의 만남도 자신과의 교류이다. 그러나 혼자만의 들뜬 환상에 불과할 수 있는 그 자체로는 진정한 교류라 할 수 없다. 교류의 가장 큰 본보기는 상대방과 하나의 직관으로 열린 앎이다.

죽음도 불사하겠다는 미친 사랑의 바탕에는 급조로 서두르는 질투가 깔려있다. 질투는 사랑 자를 잃게 되지 않을까 쫓기는 조바심에 기원을 두고 있다. 미리 공포인 상실감의 작용이다. 일이 뜻대로 풀리지 않는다는 욕정의 분노를 드러낸다. 주체를 잃은 나머지, 급기야는 심장처럼 소중히 여겼던 사랑을 파괴하고 마는 극단을 낳기도 한다. 소위, '망상의 두려움에 떠는 성격의 행동'이다.

그대의 분노에 그대는 맞서 있다. 소리치는 격발의 요설이 뇌를 자극하며 방방 뛰게 한다. 그 광기에 그대는 손에 잡히는 물건 족족 내동댕이친다. 살림살이들이 깨지며 박살난다. 그 무서운 위협에 놀란 반려견은 어디론 지로 재빨리 도망을 쳤고, 애써 곱게 키운 화원의 식물 꽃들은 엉망진창으로 짓밟혔다. 화기에서 깨어난 시선으로 주변을 둘러보는 그대는 자신이 저지른 난장판에 속상하다는 미간을 찌푸린다. 무엇을 대상 두고 참을성 잃은 원망을 그토록 쏟아낸 열불이었던가? 머리 둘 달린 사자의 탐욕에 씌워진 기만놀음에 빠졌던 게로군.

상대방의 생각을 사전에 알아두는 것은 관계성에서 대단히 중요하다. 그 옥석을 헤아리는 바탕에는 지식의 뿌리가 있다. 승부가 걸린 일에서도 상대방을 아는 지성은 필수이다. 지식인은 남의 사정을 들어주는 귀를 갖고 있다. 깊이 파고들어 문제를 풀어내는 능력도 보유하고 있다. 반대로, 이것이 옳은가? 저것이 그른가의 비교를 지나치게 깊게 하는 지식인은, 언제든 꺼내 쓸 수 있는 광대한 자료로 정신머리가 복잡하다. 머릿속 자유의 덫이던가, 쉽사리 결단을 내리지 못 하는-끙끙 앓는 어려움에 곧잘 직면한다. 더러는 그 갈망의 함정에 빠져 허황된 실수를 낳는 경우도 없지 않아 있다.

　예술창작은 고독 속에서 창조된다. 많은 사람들의 생로가 걸린 중대 문제의 결정은 깊은 장고 끝에 내려진다. 강물은 깊은 물결로 흐른다. 소리가 없다. 깊은 뿌리는 흔들리는 가지를 붙드는 역할을 맡고 있다. 가장 힘든 고통이 수반된 시험의 연단은 견디는 인내의 힘을 길러주고, 덕은 이웃과 좋은 관계를 조성한다. 진정한 자산은 꾸미지 않은 진실이다. 높은 이상은 정신건강의 척도이며, 가슴으로부터 키워 올린 기품은 그의 비상이다.

　경험은 산 증언. 세속에 물들지 않은 거룩한 지혜는, 경지에 이를수록 육신의 가난을 입는다. 빛나는 영리로 사리사욕을 채웠다면 사람들로부터 경외어린 인사를 받을 수 있을까? 이상하게 지혜와 재물은 어울리지 않는다는 기분을 떨칠 수가 없다.

　지혜의 성질은 감히 범접할 수 없이 고명하고, 품격과 상관없는 재물의 성격은 시끄럽다. 지혜가 재물을 좇으면 사악이 된다.

　달구지를 끄는 소가 밭에서 가져다주는 것은 곳간에 들일 곡물이다. 능력이 닿는 범위 내에서 청춘을 불태운 그대여, 순간순간의 시간들을 슬기로운 분별로 이겨낸 보람, 결코 헛되지 않았으리. 그대가 풍경을 넓혀 빛낸 권위, 하늘과 땅은 영원히 기억하리.

 까마득히 높은 상공에서 팔월의 공기를 가르는 솔개 한 쌍. 그 아래 땅의 삶을 쫓는 인파들 거친 숨결 내쉬며 비탈길을 오른다. 힘든 걸음에 더위가 더해져 송골송골 땀 이마에 맺혀있다. 누구는 피서지에서 검게 태운 낯빛으로, 누구는 시장에서 산 대파 두 단을 들었고, 가장 눈길을 끄는 대상은 교통사고로 외발만 쓰는 여성장애인이다.
 모두가 크고도 넓은 가슴으로 샘 곁의 무성가지가 담장을 넘는 나만의 아늑한 보금자리를 지어 나의 다복한 사랑의 이름을 문패로 달자는 꿈의 여로를 좇는 시간을 쓰고 있다.

사람 사는 맛

언제까지나 한 자리만을 꼼짝없이 지키는 나무는, 누구든 스스로 찾아가지를 못 한다. 이동할 수 있는 발이 없기에, 몇 걸음 거리를 둔 이웃 나무와도 두 손을 맞잡는 온혈인사를 나누지 못한다. 그들 간의 소통 수단은, 사이사이를 비집고 다니는 바람에 태워 보낸 각자의 생식력 향기를 통해서이다. 이렇다면 나무는 처지에 맞게 사는 식물이다. 제 분수를 넘는 무모한 짓을 운명적으로 할 수 없기 때문이다.

실력으로는 상대방을 이길 수 없는 데도 불구하고, 턱 근육만으로 덤벼들어 자신을 해치는 대상은 인간뿐이다. 자신보다 우러러 높아진 성공자의 인품을 혀의 험담으로 깎아내리는 것도 인간만이 지닌 악질의 감정이다. 보듬어 잘 가꾼 여성의 아름다운 신체를 주근깨나 사마귀에 빗대 흉을 보는 것도 인간만의 특질이다.

다른 면을 살펴본다면, 내리막길을 내려가는 노약자의 넘어질 듯이 위태로운 몸을 부축해주고, 오르막길에서는 등을 밀어주며 숨 가쁜 걸음을 돕는 건 또한 인간만이 할 수 있는 선행이다. 해풍 볕에 검게 그을려 곱던 옛 피부 찾아볼 수 없이 퍽 늙은 시골노파를 딸내미 집 방향으로 인도하는 공무원은 여순경이다.

방문을 달가워하지 않는 집에서는 물맛도 가없이 쓰기 마련이다. 당사자는 시간의 일부라도 쓸 만한 가치를 생산할 수 없다며, 뒤척뒤척 심기 불편에 시달린다. 전염병은 감염이 쉬워 가까이하지 않는 게 예방의 일차이다.

우정은 믿음의 즐거움이다. 기탄없이 비밀을 털어낼 수 있는 관계가 진정한 알짬 친구이다. 근심을 덜어주는 편안한 대화에서는 경계하는 의식이나 불신이 서려지지 않는다. 믿을만한 신분의 조언은 축 늘어진 사기에 촉진을 불어넣는다. 못할 게 없다는 자신감은 성공의 반은 이룬 셈이다.

피 끓는 열정이 식기 전에 모양 없는 어떤 행복 상을 그려본다. 얼마나 자연을 닮은 수채화일까? 목 빼고 기다리며 미래를 향해 힘차게 달리는 꿈을 꾼다. 생각으로 싸우는 예술인의 손끝은 섬세하다. 그러나 볕 드는 시간이 아직 아닌 내일만을 매달리다 오늘을 놓치는 우(憂)는 범하지 말자. 내 생애 최고로 좋은 날인 오늘은, 내일의 징검다리일 뿐이다.

집을 놔두고 진종일 바깥 나대기로 시간을 보내는 사람은, 정작 자신이 누구인지를 모른다. 오가는 숱한 사람들의 구경을 넘어, 재밋거리 오락만을 좇는 데에 온 정신이 팔려있으니, 자신만이 할 수 있는 잠재적 능력을 계발해 내지를 못 한다. 듣고 보는 거리들이 별 볼일 없는 화라지뿐이니 떡잎이 누랬다. 별 문제의식 없이 군중에 그저 떠밀리는 수동이 참 안타깝다. 주체를 잃고 이리저리 끌려 다니는 삶이 측은하다.

인생의 목적을 먹고 마시는 데만 주안점을 둔 사람은, 배를 채우고 나면 눕는 습관부터 보인다.

왜 내 이름을 걸고 살지를 못 하는 걸까? "내 일이잖아. 근데, 네가 왜 나대는 거니?" 라는 항변을 내는 사람은, 내 일은 내가 책임진다는 지조를 갖춘 인물로 볼 수 있다. 이런 사람은 운전대는 내가 잡는다. 고집이 매우 강하다. 어떤 환경에서든 남의 어깨에 기대는 의지를 배제하고, 자신의 악령으로 돌파하겠다는 저력을 엿볼 수 있다.

사람은 지각을 갖춘 이성의 동물이다. 그 이성은 정리(征利)에 의해 주체의 가치가 높아진다. 그러노라면 자신을 위한 시간을 따로 할애하여 정심(定心)을 모아야 한다. 장래발전 도모에 중대한 기반을 다져두는 기회를 스스로 만들어야 한다는 뜻이다.

상상할 수 없는 수많은 물질로 가득 채워진 세상천지는 개인의 눈으로만 헤아리기에는 너무 벅차다. 생각에 담아둔 나로써의 합리성이 전무하니, 세상을 보는 안목이 좁거나 어두울 수밖에 없다.

 심신이 고요에 잠겨있으면, 지각이 있는 사람은 먼저 나 자신이 누구인지를 들여다본다. 신앙인이라면 하나님과의 교제를 우선순위에 둘 것이다. 기도는 뇌의 힘을 길러준다. 그 은혜는 깨달음에 이른다. 영혼의 부활을 섭리로 인지한다. 그림의 떡이 아니다. 내면으로 세상을 통찰하는 시야(視野)가 있기 때문이다.

 동기는 걸음을 옮기게 한다. 소속에 속해있는 사람은 모임에 힘쓴다. 무엇보다 제 길을 가는 것이 중요하다. 무장한 사람은 떠날 준비를 마친 사람이다. 앎은 인도하는 목적을 향해 일신을 바치도록 독려한다.

 우리는 지향하는 목적이 같은 타인과의 교감에서 주관적인 사명 층을 보다 분명하게 확신한다. 하나님의 약속을 믿는 것이 앞날의 희망이다. 하나님의 약속은 자신조차 기대하지 못했던 고귀한 사랑에서 지켜진다. 우리는 선택된 영혼이 무엇을 하려는지 사전에 알지를 못한다. 진행 과정에서 차츰 뜨이는 모습을 보게 될 뿐이다.

 내가 지금 선 이 자리에서 해발 높은 푸른 산중을 우러러보는 까닭은, 의지의 기억으로 재창조의 힌트가 될 그 어떤 영감을 얻으려 함이다. 발바닥 정도의 지식으로 내다보는 안목은 아무래도 창의력이 빈약하다. 이 빌미로 미적미적 미룬 사례경험 수없이 많다. 생명은 위로 자란다. 앞으로 나아가지 않으면 알고자

하는 미지의 세계는 자연 미궁의 숙제로 덮어질 수밖에 없다. 솔직히 그동안 시냇물을 찾는 갈망이 손방했었음을 고백한다.

천지가 창조되기 이전인 태초의 땅은 혼돈, 공허, 깊은 흑암뿐이었다. 그 외의 것은 존재하지 않았기에 그냥 허허 공간으로 불렸다. 이처럼 자신 외의 바깥은 실체 없는 비현실일 뿐이다.

앎은 내 안의 상태를 유지케 한다. 앎과 체험은 별개이다. 나 아닌 신비와 마주치기 전까지는 변화의 체험은 일어나지 않는다. 내실을 채운 체험은 신념을 불태운다. 그 인식의 개념을 확립하고자 체험을 간구하는 바이다. 체험은 영원토록 지워지지 않는 마음판의 각인이기 때문이다. 가장 큰 선물은 하나님과의 관계로 새로운 피조물이 됐다는 기쁨이다. 존재 전체를 지탱해 주는 무(無)의 천지를 밝힌 최초의 물체는 빛이었다.

미움이 솟아오르면 사랑을 거둬들이는 것이 인간의 속성임을 부인하지 않는다. 미움과 사랑은 대립감정이다. 사랑이 정신건강의 정형이라면, 미움은 마음 상태가 아주 불편한 가슴앓이 병이다. 미움은 눈 밖에서 벗어난 그것은 나쁘다는 비난을 낸다. 가벼운 비판은 '왜 저러나?' 빗면으로 상대를 좀 더 헤아리는 정신을 일깨우는 역할을 하나, 한편으로만 치우쳐진

잣대의 감정은, 척추가 비뚤어진 장애인이라 자리를 이동할 적마다 온몸이 뒤틀리는 것이라고 놀린다. 한 지체의 역할을 부분으로 나눠 맡은 머리와 가슴은 이토록 하나로 다스리기가 쉽지 않게 멀다.

언사가 거친 눈살은 상해를 머금고 있다. 동생 아벨을 죽인 가인과 같은 악감을 품고 있다. 그러므로 고깝게 보는 미움은 신앙성장에 벌레일 수밖에 없다. 그 문제풀이는 그것이 정녕 눈빛을 흐리게 하는 요소의 한 면이라 할지라도, 상대편에서는 '그럴 수 있었겠구나'라는 이해에서 출발한다. 그러나 왼뺨을 맞았으면 오른뺨도 대라는 예수의 정신으로 한발 다가서서 얼굴을 내미는 선의의 희생자 수 과연 몇 명이나 될까? 이 전제하에서 위해(危害)를 끼친 마귀 짓에는 정당방위 차원에서, 예수신앙의 의분을 높여 단호하게 대처해야 한다.

옳은 일에 목표를 둔 사람은 미루는 지체를 모른다. 지금의 환경을 초월한다. 비관적인 평만을 내리지 않는다면, 개개인의 삶에는 그 능력에 맞는 창의를 얼마든지 발휘할 수 있다.

다른 누구도 아닌 바로 나의 내가 되자는 삶이 곧 자아실현이다. 싫다고 내뱉은 말도 자신의 창의력에 해당된다. 창조는 상황과 조건을 자신에게 맞춘 의식계발이다. 그 상황과 조건을 온갖 경험으로 이겨내고 화신(化身)을 입은 사람은, 선구자 또는 선각자라 불러도 손색이 없다. 감정 역시도 세운 의지에 따라 얼마든지 어둠의 환경을 밝은 빛으로 탈바꿈시킬 수 있다. 기준에 맞춘 책임감은 내일의 현상을 창조해 낼 수 있다는 뜻이다.

할 말이 많은 바람, 내 귀에 속삭인다. 높은 언덕에서 호수에서 숲 지대로 보이지 않게 발 들고, 손 흔들며 길을 가르쳐주는 바람, 그 너머 여름밤이슬 작은 꽃잎들에 수정방울 얹는다.

풍향의 성질을 싹 바꾼 바람 이번에는 포도밭 습격자 되어 제 영역인양 소동을 일으킨다. 당도가 가장 높은 알알이 송이를 파먹어 열매로써의 구실을 잃게 하는 나쁜 자 벌레만을 콕 짚어 쫓아낸다.

인격의 뿌리

　　　　　　만물의 영장인 인간은, 자연을 다스리는 책임감이 부여되어 있다. 그러므로 생명을 부지하도록 고기, 과실, 채소 등의 식자재를 제공하며 먹여 살리는 그 보답으로 자연물들이 환경적 보호를 받을 수 있도록 가꾸며 돌보아야 한다. 그렇게 보듬는 관리로 인간은 삶의 규칙을 배운다.

　식물의 생존은 그 뿌리에 달려있듯이, 인간의 죽고 사는 문제는 세 치 혀에 달려있다. 지식이 넘치도록 출중한 강사의 그 전달 책은 입의 말이다. 인격과는 전혀 별개로 밥 벌어먹기 위한 수단으로 즐겨 쓰인다. 문제는, 자신부터 외쳐대는 설교나 가르치는 교훈대로 살지 못한다는 이면적 모순이다. 기름 잘 발린 청성유수의 결과 달리, 부도덕한 꼴불견 행태를 두 눈으로 자주 목도하는 실정이다.

　말 따로, 행실 따로 노는 언행 불일치는 인격의 취약성을 말해준다. 물론, 입 밖으로 내뱉은 말은 성인군자라 할지라도 실천으로 다 지킬 수 없다. 그러나 양심 성 도덕가는 그 한마디라도 지키려는 데 신경을 모은다. 미운 자를 사랑으로 안으려는 예시가 그 경우이다.

지식은 그 인물을 세우는 인격의 뿌리임이 분명하다. 강단설교를 맡은 종교지도자들은 진리 조달업자들이다. 글을 쓰는 작가들은 자신의 삶과 무관한 문장을 파는 장사치들이다.

인간의 감정은 변화무쌍하게 복잡다단하다. 그 기복성향에 맞추어 흘려버릴 수 있는 사소한 귀띔에도 째마리 취급을 받았다는 불명예로 받아들일 수 있는 게 인간의 성분이다. 내편에서 맞는 답이라며 내놓았다 할지라도, 상대편에서 반대 의견을 자유롭게 낼 수 있는 게 민주사회의 보편(폴옵션)이다.

인간 간의 갈등 요인은 생각이 다르면 우리 편이 아니다하며 돌아서는 악의적 편견에 기반을 두고 있다. 곡해를 떠나 그 상대방에게 불쾌소지인 가슴앓이를 안겨줬다면, 그편에 한해서 방향을 잘못 잡은 것이다. 한 언질, 한 문장은 이토록 이성을 갖춘 사람의 가슴을 다변으로 흔들어 놓는다.

필자는 최근에 휴대전화기 문자에 따른 오해로, 첫 만남부터 뒤틀릴 뻔했던 시련을 겪었다. 한국출판문화진흥원 주최 '브랜딩 전략기획과정' 교육 장소에서 알게 된 지 불과 이틀, 그 삼일 차 마지막 날 9층에서 연령층이 좁은(필자 제외) 몇몇 젊은 남녀수강생들과 승강기를 타고 1층으로 내려오면서 처음으로 말문을 튼 생글한 자매와, 서울산업진흥원에서는 좀 먼 편인

디지털미디어시티 지하철역까지 함께 걷게 되었다.

　필자는 자매의 용인 행선지 방향과는 반대편이라 바래다주는 것으로 입장정리를 밝혀 뒀다. 그러면서 서로를 소개하는 짧은 과정을 거쳤는데, 내편에서 글을 쓰는 작가라고 밝히자 자매편에서 금방 허심탄회한 친근감을 붙였다. 자매는 환하게 기뻐 뛰며 필자의 소설집 제목을 대뜸 물었다. 꼭 일 년 전에 출간된 『누구를 위하여 눈물을 흘려야 하나』 책 표지가 자매 전화기 화면에 이내 떴다.

　지하철역 입구에서 자매와 헤어진 필자는, 일대 지역을 둘러볼 겸 한참을 더 걷고, 상암동 월드컵경기장 맞은 편 문화비축기지 정류장에서 몇 분 기다린 버스에 몸을 실었다. 좌석에 앉아 이동을 하면서 자매에게 나의 소개를 덧붙일 겸, 재작년에 출간된 장편소설 『방황하는 영혼들』 책명을 찾아보라는 문자를 전송했다. 찾은 책 사진 아래로 좋은 책 소개 감사하며, 꼭 사서 보겠다는 반가움 넘치는 답신을 잠시 후 받았다.

　다음날, 필자는 자매에게 진즉에 사진으로 찍어두고 보관 중인 『교회 가는 할머니』 시집표지를 전송했다. 자매편에서 장난기 어린 문자로 뭔 책인지를 물었다. 필자가 표지사진을 띄운 이유는, 내일 중으로 등기로 보낼 책명의 미리 소개였다. 더불어 구두 약속대로 '주소나 찍어 줘요.'라는 문구를 연이어 전송했다. 이 문구가 자매편에서는 굉장히 거북했던 모양이다. "왜 화를 내십니까." 항의성 답신이 그 증언이었다. 아차, 싶었다. 자매의 말처럼 낯가리는 소심성자라는 상대측 성향을 미처 고려하지 않은 실수를 낳은 것이었다.

시집 『푸른 영혼의 지혜』가 포함된 등기 물을 받은 자매는, 며칠 후 자신의 시집 몇 권과 근무회사 제품 몇 점을 등기 물로 보내왔다.

선사하는 행위를 쉬운 일이라고 생각한다면 오산이다. 특히, 기분 내키는 대로 듬성듬성 흩뿌리는 것은 상대방으로 하여금 오해를 불러일으킬 수 있다.

그 사람에게 맞추어진 선행은 두고두고 감사를 품게 한다. 책을 좋아하는 사람에게는 책은 최고의 선물이다. 그러나 눈이 흐려 제대로 글말을 제대로 좇지 못 하는 노인층에게는, 책 선물은 최악의 결례이다.

젊었던 한 날에 바싹 메마른 애정이 괴롭게 그리워, 초저녁에 미아리대로변 소재 작은 술집문턱을 넘었던 적이 있었다. 술을 아예 못하는 것은 아니지만, 신앙인으로서 멀리하며 자연스럽게 마시지 않게 되었다. 허전감이 고독하게 깊어진 간청을 달랠 겸, 고동색 눈동자를 굴리는 호기심 발동으로 발을 들였던 것이디. 수중에 지닌 돈은 기분을 푼 뒤 거처로 돌아갈 버스비 정도일 뿐이었다. 그럼에도 불구하고 무리수를 썼던 까닭은, 연락만 하면 달려오는 교회친구가 배후에 있었기 때문이었다.

초등학교 교장선생님의 아들인 안경잡이 친구가 모습을 드러냈다. 그렇지만 친구는 비참한 궁지에 몰린 필자를 구해주지 않고, 그냥 돌아가 버렸다. 2시간 넘도록 인상을 험하게 찌푸리며 다그치는 남자주인의 성화에 심기가 전전긍긍 힘들어진 필자는, 마침내 술집주인을 데리고 신원보증을 서줄 보문동 소재 교회를 마지못해 찾았다. 산중 기도로 만나 교제가 맺어진 여자목사가 담임하는 임대2층 개척교회였다. 상당히 늦은 시각이며, 또한 미덥지 않아 상이 절로 찌푸려지는 술값 해결 건 문제로 느닷없이 문을 노크하고 잠을 깨운 노 청년을 두 부부는 한마디로도 나무라지 않고, 나로부터 돌린 눈길을 다시 맞춘 체구 마른 술집주인을 설득하여 순순히 돌아가도록 했다.

며칠 후 한낮에 어렵게 마련한 돈을 쥐고 그 술집을 다시 찾았다. 물의를 일으켜 죄송하다는 사과인사를 올렸다. 사실, 그 당시 두 눈 꼭 감은 시침을 떼고 그냥 넘어갈 수도 있었다. 만일, 그랬다면 술집주인은 보문동 개척교회를 무단 찾아 개지랄을 부릴 거라는 전제는 염두에 두긴 했었지만 말이다. 그러나 불순한 의도를 깔고 전혀 낯선 유흥을 즐겨보려 했던 가책은, 이 속셈의 음계를 극구 만류했다. 용도처가 좋든 나쁘든 갚을 건 갚으라는 설득이었다. 세상물정 모르는 신앙인으로서의 양심은 편치 않았다.

호되게 망신당한 그 당시의 어긋난 일탈은 꼴불견을 낳았다. 계절은 유월 초여름이었으나, 슬프게 외로운-정분이 그리운 추운 몸을 녹여보려, 볼 안에 공기를 가득 머금고 초보자로 입장했던 그 술집. 따뜻한 위로의 소원성취는 고사하고, 맛보기로 입술만 살짝 적셨을 뿐인 그 값치고 너무 비싼 비용을 치렀다. 아무런 유익 없이 돈만 날린 그 허공 늪에 다시는 빠져들지는 않겠으나, 평심조절을 엉망진창으로 헤쳐 놓고 좇으려 했던 하극상의 일락은, 그렇게 인격의 뿌리를 흙 밖으로 모조리 들춰냈다.

어느 책에서 읽은 바에 따르면 '쾌락은 모자란다 싶으면 허우적거리는 갈증이 심해지고, 과도하면 유사(油砂)에 휩쓸린다. 쾌락에게 주도권을 내맡기면 취기에 놀아난다. 그러면서 마른 땅바닥에 엎어지게 된다.'

선행의 종교인들

　　　　　　　　"주님께서 긍휼이 보시고 내리신 은총에 힙 입어 스스로의 잘못을 바로 잡겠습니다."라는 고백을 되뇌며 오늘도 보좌에 앉아 계시는 하나님과 친분을 영속하고 있는 종교인들은, 장차 면류관을 쓰게 될 저 높은 천국을 바라보며 잠시잠깐의 고난을 끝없이 견뎌낸다. 온유와 절제로 새로워진 심령의 평화로 빛의 열매인 착함과 의로움을 다지며, 이웃의 아픔을 덜어 주거나 나누지 못해 가슴이 미어터진다는 사랑의 부족을 땅을 치며 통감한다.

　기독교는 한 생명은 천하보다 귀하다, 라는 화두에 강조점을 두고 있다. 그 종교는 인간성 회복을 넘어 심신의 인식을 변화시킨다. 사람이 제일 먼저 입어야 할 덕목은 악의 없는 온유라 한다. 속옷을 구하는 자에게 겉옷까지 들려주는 선행의 구제를 강조한다. 좋은 성품은 누구에게나 칭찬의 대상이 된다. 바라는 것들의 실상인 믿음은 마음을 넓혀준다.

　믿음은 하나님과의 관계에 있어서 강물을 건너는 중요한 다리이다. 믿음은 조건의 거창한 구상보다 현재의 신뢰에서 언어의 힘이 강해진다. 유한의 인간은 시간을 뛰어넘을 수 없다. 그 인간으로서 도무지 해

낼 수 없었던 기적의 은혜를 몸소 체험한 사람은, 신을 섬기는 신념이 남달리 각별하다. 불타는 사랑의 보답에 힘쓴다.

선한행실의 특이는 끝 정리가 깔끔하다는 향기이다. 반대로 무엇을 먹을까 무엇을 입을까에 만 발품을 두루 파는 외식 인들은, 그 탐심 때문에 신임 두터운 사람 됨됨과는 거리가 멀다.

종교인들은 속임 수인 탐욕의 탈을 통제적으로 피하면서 좁은 길을 걷는다. 어둠의 자식인 악인의 뒤를 좇지 않고, 감사의 노래를 부르며 빛 가운데로 다닌다. '비판을 받지 않으려면 비판하지 말라(마7:1)'라고 가르치는 하늘계시의 경전을 날마다 읽는 그 위대한 오묘의 교훈을 흉내로라도 찔끔 내보려, 자신의 사사로운 희생을 기꺼이 감수한다. 장차 심판을 받게 될 죄행을 따르면, 신께서 근심의 눈물을 흘리신다는 것쯤은 상식적으로 알고 있다. 죽고 사는 문제는 혀에 달려 있다며, 노하기를 더디 하는 입단속이 곧 하나님을 기쁘시게 한다는 점도 충분히 인지하고 있다.

그들은 하나님을 높이는 입술의 찬양과 기도로 푸른 영혼을 북돋는다. 개중에는 공동 질서를 파괴하거나 훼방하는 악인은, 한시바삐 우리의 눈앞에서 사라지게 해달라는 청원도 올린다. 특히, 인류의 평화 차원에서 약소국가를 침략하여, 살생무기를 들이밀어, 무고한 생명들의 목숨을 아무런 가책 없이 마구 잡이로 빼앗는 통제 불능의 악마를 제거해달라는 탄원 격 기도는 더욱 뜨겁다.

　종교는 불가능해 보이는 일에도 확신을 심어준다. 신을 섬기는 그 신자들의 무릎 기도 덕분에 세상은 그나마 살만하고, 신념을 가득 채운 저력으로 본분을 다하는 사람들로 넘쳐나게 되었다. 누구는 그 신과 가까운 친구가 되어 신실한 인품으로 모두에게 필요한 인물이 될 수 있었고, 누구는 주변의 관심어린 친절한 온유를 본받아 자신도 이웃을 내 몸처럼 사랑하게 됐다며, 베푸는 것이 받는 것보다 복이 크다는 진리를 몸소 터득하기도 하였다.

　경건한 삶을 지향하는 종교인들의 선행 덕분에, 돈을 벌어 가난을 이겨낸 늠름함 사람이 탄생될 수 있었고, 체력단련에 힘쓴 덕분에 기량이 훌륭한 운동선수가 된 옛 무명인들도 무수히 길러졌다. 이 모든 성장과정에는 기도에 바탕을 둔 각고의 사투가 있었음을 부인할 수 없다.

　필자는 귀를 떨어트린 사람을 원수의 눈으로 보기보다, 그것조차도 용서로 대하려는 모든 종교인들을 존중한다. 다른 사람들을 위해 작은 불빛이라도 되어주려는 그들의 신분이 재래시장의 상인이든, 나라의 장래를 논하는 정치인이든 하등 다를 바 없는 이 땅의 유기체 인물들로 보고 있다. 그들은 품위를 고아(古雅)하게 높여주는 교양지식은 다소 떨어지나, 심성은 착하므로 밥 한 술 더 먹이려는 이웃에 해를 끼치지 않으려는 애심(愛心)이 굳세다.

  보는 눈과 듣는 귀를 열어 주소서

  발아래 꽃 이름 몰라 내 가슴 창백함에 물들어있다. 처음으로 대하는 식물이라, 모양새 설명조차 할 수 없는 입장이다. 생김새가 어떻다는 설명이 가능하여야 품위에 맞는 이름을 붙여줄 수 있을 터인데, 한 모금의 성수로 영혼을 깨워 너의 환희로 불릴 이름을 지어주고 싶구나. 하나님의 품에 안겨 생명책에 기록되어 있는 너의 이름을 사랑하고 싶구나.

친절한 그녀

　　　　　　　　몸가짐의 품행만큼이나 유연함이 돋보이는 그녀. 옅은 미소를 머금은 두 입술 사이로 살짝 드러낸 미백의 치아. 흰 백합의 순결처럼 우아하게 곱다. 목이 건조한지, 내뱉은 한 번의 기침 곧 멈추고 선량한 두 눈빛을 밝게 켠다.

　가까운 사이는 아니나, 알고 지낸지 이년이 넘어가는 그녀. 나는 그동안 그녀의 입술에서 누구를 험담하는 헛소리를 들어본 적 한 번도 없다. 여태까지 성당입구에서 누구든 반겨 맞는 성모(聖母) 상으로만 보아왔다. 지금도 그렇게 인지하고 있다. 개신교 측에서 우상이라 치부하는 전시용 조형물에 지나지 않는 성모상이지만, 얼마나 많은 천주교신자들이 그 앞에서 십자성호(聖號)를 그리며, 이웃을 미워하며 배척한 나쁜 습성을 고해하며 용서를 구했을 터이다.

　그 언제던가? 필자는 공무원 아닌 그녀가, 한 노인을 아비처럼 섬기듯이 행정업무를 대행해주는 자연스러운 선행의 친절을 목격한 적이 있다. 벽면 쪽 의자에 등을 붙이고 앉아서, 눈길로만 그녀의 행적을 뒤쫓는 백발노인. 마침내 그녀로부터 서류 몇 장을 건네받은 그 답례로 진심 배인 감사의 인사를 남기고,

관공서건물을 떠난 백발노인.

그녀는 남들의 기분을 유쾌하게 펴게 하는 천부적 재능을 갖고 있었다. 사실, 꽃가게 주인인 그녀의 조용한 행동양식에는 예절을 갖춘 방산(放散) 향기가 여낙낙하다. 한 문을 열고 닫을 때, 누가 들어오거나 나가면 반드시 한 옆으로 비켜났다, 후에 출입을 하는 양을 두세 번 본적이 있다. 남을 먼저 생각하는 배려의 미덕이 아닐 수 없다.

일상의 사소는 화려하지 않다. 우러러 볼 일이 아니다. 그러나 좌우로 치우치지 않는-성실한 인내로 다져진 그 여운의 양광이, 인지상정의 미소를 짓게 한다는 건 사실이다.

상대를 다치지 않게 하는 행동이야말로 겸양의 자상이다. 종교심이 깊은 사람들에게서 자주 볼 수 있는 친절이다. 친절의 힘은, 아픈 데도 그 아픔을 잊게 한다는 심리적 위안이다.

선행에도 여러 모양의 색깔이 있다. 성경의 가르침대로 '오른손이 하는 것을 왼손이 모르게 하는(마6:3)' 감춰진 꽃 봉우리이어야 한다. 사람보다 하늘만 알게 해야 하는 것이 참 구제이다. 진향의 매력은 온유이다. 온유는 하늘 문을 열게 하는 지름이다.

한창 시절의 꽃은 미의 보배이다. 그 아름다움은 정형화로 정해져 있지 않다. 가슴이 울리도록 가장 **빨**리 와 닿는 인향(人香)의 행복은, 인색할 정도로 절제된 선한품행에서 우러난다. 정 붙임이 소소한 이런 사람들 덕분에, 세상은 그나마 살아보겠다는 소망이 살아 숨 쉬며 있다.

내 안에 존재

한가하게 조용한 오후. 나는 창밖을 내다본다. 공기 냄새를 향기로 맡으며 구름이 떠가는 푸른 하늘을 올려다본다. 눈앞에 산 나뭇잎들 실낱같은 가벼운 미풍에 살랑살랑 흔들린다. 별개의 작은 생물들로 이루어진 은은한 풍경. 중류로 걸러진 속 깊은 시간. 보이지 않는 깨끗한 진심이 고즈넉하게 가라앉은 영역을 조화로 작용하는 사물그림자. 생활 반경에서 만날 수 없는 한소끔 평화. 헤아릴 수 없을 만큼 신선을 널리 퍼트리는 유기체 감회. 아무것에도 종속되어 있지 않아 온기 밝기가 더한 포옹. 보편의 안정이 유연하게 확보된 휴식, 그윽이 향기롭다.

한 젊은 여성이 휴대폰을 들여다보는 모습채로 나타난다. 검은색 모자에 검은색 마스크를 착용했다. 한 대의 택시, 그녀 앞에서 멈춰 선다. 승객이 승차하면서 문을 닫자 이내 출발하는 호출택시, 동네를 벗어난다.

문득, 인의 적 행위가 실린 소음은 증발하나, 자신만의 내면의 소리를 듣는 혼자는 오그라드는 외로운 존재가 아니라, 사물을 관조하는 시야가 보다 넓어짐을 알게 된다. 그러므로 싸울 대상인 쇄기 모양의 팽

팽한 긴장을 멀리 둔 지금 이 시간이 최적의 나 자신이다. 라는 생각을 떠올린다. 이 기분에 흠뻑 젖은 내부, 나를 존중하는 인권이 높아짐을 실감한다. 먼저, 자신에게 성실한 인내를 가져야 한다는 점을 배운다.

자유를 누려야 평화의 소중함을 알고, 마음을 열어야 타인이 베푸는 사랑이 들어오는 법. 하나의 자질과 대립되는 또 다른 자질, 수많은 오류를 가려내는 진실, 무슨 일이든 순탄하다면 왜 눈물을 흘릴까. 아프니까 생명이 깨어있음을 본다.

열정은 나의 나를 뛰어넘는 나의 도전이다. 여기에는 '마음의 경영은 사람에게 있어도, 말의 응답은 여호와께로부터 나오느니라(잠16:1).' 구절을 믿음으로 받아들였을 때, 흔들어 채워지는 축복을 입게 된다는 신비가 잉태되어 있다.

인간의 영혼은 놀라운 힘을 가지고 있다. 나는 지극히 편안한 안목으로 저편에서 손짓거리는 나의 인생의 그림을 건네 본다. 아직 무 형체라 실재상황은 아닌 안개속이나, 그 너머 그곳에 내가 필시 존재해야만 한다는 분명한 섭리를 느끼고 있다.

책상머리는 중요하지 않다. 마음이 움직여 일어났을 때, 생각은 함께 따라나선다. 방황하는 영혼이라고 해서 모든 길을 잃은 것은 아니다. 불행하다는 눈물을 머금고 있는 지금의 현실과는 다른 방식으로 살아나려는 노력이 중요하다. 인생에는 미처 보지 못한-미처 가보지 못한 여러 방면의 원시림지대가 널려있다. 숨겨진 그 안의 뜻을 발견한 자는, 그 방향으로 발걸음을 재촉한다. 인과는 무심한 사람이 그러쥐고 있다 하지 않는가. 우리의 삶 속에는 피하고 싶은 진실도 포함되어 있음을 명심하자.

분열, 불화, 이견, 편견 그밖에 모든 갈등은 지배 위에서 간섭하는 인간관계의 실재차이에서 나타난다.
 그 강사의 지식전달은 수준이 낮아 나를 이끌지 못한다며, 속으로 딴청을 부리곤 했었다. 나는 소위 지식인이라 자부하는 글 쓰는 작가이다. 그 일이 나의 천직이면서 유일한 사명이요, 생계수단이라고 여기면서, 오늘날까지 펜을 꼭 움켜쥐고 있다. 그 결과 나는 구제가 힘든 평생의 가난에 시달리고 있다. 그 뿌리 깊은 궁핍 환경이 병적으로 높아질 적마다, 나는 나에게 속고 있다는 신트림을 목젖까지 끓여 올렸다. 아니, 수시로 흘리는 그 초조한 눈물의 시름을 사람들 앞에서는 체면상 애써 속으로 감춰왔다.
 되풀이 같은 말이지만 나의 가장 비극은, 빛을 보지 못 하는 사명을 완수해야만 한다는 미련을 끈질기게 붙들고 있다는 아집이다. 일찍부터 걷기 전에 네 발로 기는 일부터 배우자는 사념(思念)이 다시금 싹터 오른다. 아무것도 모르는-배냇머리부터 다시 배운다는 무지의 바보가 되자는 다짐을 되새김한다.
 나로 인해 벌어진 그 일의 책임은 전적으로 나에게 달려있다. 감정적인 행동은 이성으로 멈추게 할 수는 없다. 고쳐야 할 행동을 방기로 고치지 않고 계속 같은 방식으로 나간다면, 발이 빠지는 함정의 구멍은 더 커진다. 유종의 미를 거두는 결과를 기대할 수 없다.
 사람의 움직이는 일에는 품위를 지키는 건강이 담보되어 있다. 좋은 안을 창의해 내는 일에는, 시간의 긍정이 뒷받침되어 있어야 한다. 희망을 버린 사람은 변화의 시대를 맞을 수 없다. 인생실패의 자초 사례 중 하나에 밥만 먹는 사치가 들어있다. 안주는 가장 쉬운 게으른 나태이다.
 하루하루에는 그날의 문제를 푸는 숙제의 답이 묻어있다. 그 답을 찾는 권리는 호흡을 내쉬는 모든 이들에게 본분으로 내려져있다. 결국, 인간은 발을 딛고 선 현 자리에서 절망을 이겨내고야 말겠다는 결심을 드높여야만, 역동은 친구로서 동행을 해준다는 사실이다.

생명은 성장이다. 사물분별이 쉽지 않는 어둠 짙은 여기에서는 저편의 빛을 받아들이는 결단을 필요로 하고 있다. 잠수부는 해저 깊은 곳에 잠긴 물체를 뭍으로 끌어올린 후 햇볕을 쬔다.

만일, 지도상 안내가 실제 지형과 다르다면 지도가 잘못된 것이다. 우리는 시행착오를 숱하게 겪은 후에야, 비로소 깨달음에 도달한다. 이 학습이 쌓여 비로소 자신만 아는 경륜의 지도를 만들어 낼 수 있다.

일은 신앙의 기둥

"너는 흙으로 돌아갈 때까지 얼굴에 땀을 흘려야 먹을 것을 먹으리라(창3:19)." 이렇게 강한 엄벌을 내리신 야훼께서는, 동시에 첫 사람 아담과 하와를 에덴동산에서 영원히 쫓아내 본래의 그 바깥 흙을 갈게 하셨다.

아담은 남자다. 그 유래에서 남자는 힘을 쓰는 사내이다. 상형문자인 사내 남(男)에는 밭 전(田) 자 밑에 힘 력(力) 자가 떠받치고 있다. 그러므로 흙을 갈아엎는 남자의 상징은 정열이 넘치는 활력이다. 그 박력과 패기에서 정(情)으로 사는 여자에게 믿음직스러운 남성의 늠름함을 보인다.

일은 규모를 갖게 한다. 일에는 권리가 부여되어 있다. 일하는 자는 긍지가 높다. 그 보람을 앞세워 일하는 자는 심신이 강건하다. 일하는 자의 얼굴에는 항상 원기가 살아 숨 쉬며 있다. 일을 하는 자는 나태에 빠져들게 하는 삶에 속지 않고 실현의 단계를 밟아 나간다. 일은 정신력 유지의 기둥이다. 그 건전한 정신바탕에는 기초재산인 체력건강이 떠받치고 있다.

돈은 사이 나쁜 관계도 좋게 푸는 양약 중의 양약이다. 돈은 집안의 화기이며, 자녀들 양육에 더할 나위 없는 자양분이다. 자신과의 화목을 넘어 우애 깊은 덕을 나누는 데, 윤활유 역할을 한다. 사람구실을 넘어 친구와의 우정을 돈독히 하는 절대적인 무기이기도 하다. 교회선교를 도울 뿐만 아니라 가난한 자늘에게도 양지바른 곳에서 햇볕을 쬐도록 한다.

장정이 대형망치로 쿵 내리치자 두께가 엷은 시멘

트바닥이 쩍쩍 갈라지며 산산조각 깨진다. 뒤따라 조각 파편과 혼합된 흙더미가 걷어 올려 진다. 폭 1m, 길이 6m의 도랑이 확연하게 드러났다. 위아래 전체 면을 둘러보니 중간 부위에 구멍 난 PVC 배수관 바닥면이 한층 낮음을 알 수 있었다. 배수관이 막힌 결정적인 이유가 밝혀진 셈이다. 곡괭이로 몇 곳을 더 찍어 구멍을 낸 안은 마른 오물로 가득 채워져 있었다. 도랑 밖으로 빼내는 그 무게감 역시 만만치 않게 힘을 끌어 모으게 하였다. 그때, 도랑 안 흙 벽면으로 삐죽 튀어나온 몇 배수구 한곳에서 빨래비눗물이 쏟아져 내렸다. 잔재로 쌓인 흙더미 둑에 막혀 고인 폐수 속에 질퍽질퍽 잠긴 대머리업자, 벽면으로 궁둥이를 붙이며 악의 없는 불만을 투덜투덜 쏟아낸다.

보조 장정이 다시금 손나팔로 5층 전 세대(9가구)를 향해 물을 버리지 말라는 외침을 연속으로 내질렀다. 이 과정을 지켜보던 어떤 외부인이 원수를 잠그라는 귀띔을 해 줬다. 폐수 줄기가 끊겼다.

하나씩 이어 맞추며 나간 배수관의 길이도 어느덧 건물 모퉁이까지 다다랐다. 잔일이 남아있는 그곳의 경사면이 낮은 바닥은 진흙과 뒤범벅된 오물 냄새가 코를 찔렀다. 속이 꽉 찬 낡은 배수관을 마지막으로 거둬내는 보조 작업자의 인상이 험상궂게 일그러졌다. 그 안의 한 덩이 오물이 대각선으로 흘러 떨어지면서 위로 튕긴 진흙바닥 물에 작업복과 얼굴이 더러워졌기 때문이다.

그곳 위로는 가로지른 석물경계선이다. 그 너머로 좌측의 옥외주차장과 벗하고 있는 소규모 화단이 있다. 주차장 아스팔트 가외 일부 바닥을 완충 역할로 떠밀고 있는 그 경계선은 살려두고, 그 밑에서부터 화단 내의 흙을 일부 파헤쳐서 이편 도랑의 깊이와 맞게 연결을 해야 한다는 업자의 무뚝뚝한 짧은 설명이 끝났다.

장정이 담벼락 편 사철나무 아래 바싹 마른 낙엽으로 뒤덮인 화단 흙 속으로 삽날을 꽂아 박았다. 그 사이 다른 한편에서 이편과 저편의 배수관 연결과정도 모두 마쳤다. 그 위로 이웃집과 경계선인 시멘트 불럭 담장 편으로 이랑으로 길게 쌓아 둔 잡석 흙더미가 마구 덮어지기 시작했다. 도랑 전면이 원상태로 복구되었다.
 장정은 일머리를 잘 알고 있었다. 그는 스스로 호스 물로 충분히 적신 진흙바닥을 안전화발로 꾹꾹 눌러 밟으면서 평면을 다졌다. 장정이 모래와 뒤섞어 갠 시멘트 더미를 삽으로 떠 듬성듬성 놓자, 미장이며 집수리업자인 환갑노인이 흙손으로 넓게 펴 바르는 마감에 들어간다.

어르신들

　　　　　　　일기는 구름 한 점 없이 화창하나, 꽃샘바람은 매섭게 거칠다. 강풍과 맞싸우는 숨결은 고르지 못 하고, 때로는 가눔 힘든 몸이 뒤로 휘청휘청 밀리기도 한다. 맞바람을 피하려 몸을 돌리자, 이번엔 등부터 떠밀어댄다. 몇몇 선생님의 보호 하에 단체로 나들이 나온 단일 노란색복장의 남녀유치원생들도 모진 바람을 그대로 맞으며 추위에 움츠러든 작은 체구를 떨고 있다. 햇동아이들의 그런 안쓰러운 모습에 선생님들 속이 안 좋다는-크게 일그러진 감성을 몸짓과 표정으로 나타냈다. 그렇지만 인근에는 임시로 피신할 건물공간이 딱히 없다. 저마다 새순 몽우리를 틔워 올린 수목가지들도 부들부들 떠는 거 마찬가지이다. 끝 무렵 벚꽃송이가 한꺼번에 우수수 흩날리며 보행로를 온통 뒤덮는다. 장관이다.

　서울대공원 경내를 걷고 또 걸으면서 동물구경, 호수구경 등을 두루 둘러보는 육십 대, 칠십대, 팔십대 노인들, 신체적 면역성이 약해 세찬바람 대처 능력이 미숙한 유치원생 아이들보다 동심이 더 밝다. 청춘아, 누가 그대들에게 얼마 남지 않은 황혼의 인생이라 하겠는가.

자연스럽게 삼삼오오로 팀을 이뤄 함께 다니면서 오랜 지기처럼 이러저런 덕담들을 단편적으로 나누는 그들은, 바람의 방향이 순간순간 불시에 바뀌는 변덕에도 불구하고, 현존의 자애한 웃음을 연시 흘리며, 호기심과 궁금증을 가득 실은 눈빛으로 살아 숨 쉬는 생물들의 생동 장면을, 휴대전화기에 내장된 카메라에 한 컷 한 컷 담기에 여념이 없다. 일행의 일원으로 함께 움직이는 장발 중년남성 한 명만이 실물의 사진기를 갖고 있다. 그는 한 건물 내 복지관에서 몇몇 노인수강생들에게 사진 찍는 기술을 가르치는 전문사진작가이다. 그답게 대상이 정해지면 배경의 각도를 잘 포착한다. 때로는 노인들의 요청이 들어오면 단체사진을 찍어주기도 한다.

모든 생물은 불멸하지 않다. 시간제한을 받는다. 나를 잃으면 모든 것을 잃게 되는 한 생명의 인간은, 경점의 시간에서 다음 순간의 시간으로 이어가는 지속성을 부여받은 고귀한 존재이다. 아직도 무엇이든 배울 수 있다는 그 자랑스러운 건강한 백발, 거친 바람에 나부낀다. 인생의 이력이 층층이 쌓인 이마주름에 햇살이 비춘다. 자욱 안개에 가려져 실물존재는 보이지 않으나, 그 너머에서 희망의 찬가를 들려주는 것만 같은-저 높은 봉우리를 향해 뛰는 심장으로 힘차게 오르는 두 다리의 힘. 소생하는 만물의 생기를 활짝 열어젖힌 가슴으로 마음껏 들이키는 이상의 그

꿈이 그들에게 활력을 불어 넣는다. 그 꿈이 노인들로 하여금 오늘의 나이를 잊게 하고 있다.

간혹, 개중에 무지막지하게 밀고 드는-주제 넘는 소동으로 사회적 눈총을 받곤 하는 노인의 인생 무망은, 나이가 들어 시야가 흐려졌다는 데서 오지 않는다. 그보다는 살아온 날들을 층층이 쌓아둔 삶의 경륜을 쏟아낼 생산성 일을 하지 못하는 데서 무료한 지루를 겪는다. 인생무게의 시름이 깊어지는 이유이다.

돌고 도는 사계절 기후를 보고, 듣고 주물러 담는 생활의 반복을 오랫동안 몸소 체험했기에 눈을 감았어도 기억의 사다리를 통해 옛 추억의 필름시대로 돌아가는 기력 든든한 노인들에게는, 실상 새로운 사물은 없다. 부정으로 사고를 돌린다면 세상은 '헛되고 헛될 수 있다(전2:19하).' 그들의 희뿌옇게 흐려진 눈을 밝게 뜨게 하려면 연령에 걸 맞는 창의력을 소개해야 한다. 무엇인가를 특정하여 머리를 겨릅으로 쓰는 젊은이들의 속도 바른 현란한 아이템 창의 아닌, 간단하게 만지면서 느낄 수 있는, 실용도 높은, 그러니깐 지팡이구실을 하는, 손아귀에 부담 없이 척 감기는 교류가 제 격이다. 오늘 단체로 공원나들이에 나선 30여 명의 남녀노인들은 컴퓨터로 초급문서 작성법을 배우는 수강생들이다. 시대에 뒤떨어지지 않겠다는 각오로 열정을 불태우고 있다.

전문가는 드러난 그 무엇보다 한 분야의 지식을 얼마나 체계적으로 잘 구성했는가를 먼저 살펴본다. 까마득히 높은 경지에 오르려 그들은 아주 느린 속도지만 더듬더듬 또는, 되돌아가서 한자 한자 겨우겨우 이해한 짤막한 몇 줄의 글을 불러올린 바탕화면의 파일을 하이퍼링크에 저장하는 단계의 기술을 익혀가고 있다.

너무 많이 변해서 이십 년 전부터 알고 지내온 사람이 못 알아보고 무심코 지나칠 수 있는 주름진 연대를 떠나서, 노인들도 잠재된 감각재능에 노력의 불을 붙이면 충분히 제 실력을 발휘할 수 있다. 밤하늘의 별들을 관찰하는 법, 과학적으로 분석하는 사고력을 갖추고 있지 못하여 오늘 땅바닥으로 굴러 떨어진다 해도, 의지가 세워져 있는 자는-문제를 파고드는 생각을 살려두고 있다면, 다시 시작할 내일의 새로운 배움에 기대를 건다.

인간에게 필요한 것은 반란하는 행동이다. 이런 도전성을 아예 접었다면 그의 삶은 협소해질 수밖에 없다.

몇 해 지난 그 어느 한해, 그날도 오늘처럼 꽃샘추위가 맹위를 떨쳤던 계절이었다. 인적이 퍽 드물어 풍경이 조용한 부촌마을의 구불구불 경사면 도로를 거슬러 오르다, 그곳과 경계인 축대 위 노란 꽃이 만발한 개나리울타리 사이를 넘어 건조한 산중으로 들어섰다. 바싹 메마른 잔 돌멩이바닥 계곡. 제일 먼저 산의 가장 낮은 뫼 지대에 소재한 바위동굴이 눈에 띠었다. 너비와 면적이 어느 정도인지 알아보려 기웃거리는 데, 난데없이 어둠속에서 인기척이 들려왔다. 불청객은 깜짝 놀란 토끼 눈으로 주춤 멈춰 섰다. 검은 물체가 움직이는 소리가 아련히 들려왔다. 사람이 누워있던 자리에서 일어나면서 몸을 덮었던 이불을 흘리는 기척이었다. 안색은 누리끼리 마른 노인이었다. 기운이 축 쳐져 힘을 못 쓰는 지경이었다.

백발 숱이 적어 두피가 드러나 있는 노인은 낯선 손님에게 반기는 미소를 그렸다. 그 표정을 띄운 낯빛은 추위 탓에 핏기 없이 까칠했다. 노인은 손님 대접차원에서 앉을 자리를 지척지척 마련해주었다. 한 사람이 겨우 지낼 수 있는-천장이 불규칙하게 울퉁불퉁 낮은 바위공간의 평평한 바닥에는 누런색 장판이 깔려있다. 그 아래로 장작불을 지필 수 있는 구들구조를 갖춘 건지 따뜻하다. 저 아래 차도 변 버스정류장에서 1킬로미터는 될 성 싶은 여기까지 걸어서 오는 동안, 두 손은 돌멩이 하나도 주워 올리지 못할 정도로 꽁꽁 얼어 있었다. 그렇게 펼 수 없이 심하게 오구라든 손을 얼른 솜이불 속으로 밀어 넣었다.

"하늘나라 가는 준비 중이라오."

이편에서 묻지도 않았는데, 가늘게 떨리는 음성으로 이 말을 스스로 들려준 노인은, 담임을 맡았던 한

교회에서 몇 년 전에 정년퇴직한 원로목사님이었다. 40일 금식 중이란다. 문득, 성 프란체스코의 말이 떠올랐다.

'진흙 불빛 꺼지지 않게 하소서.'

짧은 네 이야기

악담은 살기에 지배당한 악인의 입에서 나온다. 그 악인이 쏘아 날린 화살이 광속으로 날아 생나무줄기에 무섭게 깊이 박히며 파르르 떤다. 그 독침 머금은 상처에서 피를 흘리는 참나무, 무성 입새 시름시름 말리며 의식을 잃어가고 있다.

하늘의 비는 상처를 악화시킬 뿐이었고, 태양은 치료의 광선과는 아무런 관련이 없었고, 주변 동료들의 위로는 그나마 남은 기운을 더 처지게 하였다.

땔감마련 차, 산에 오른 나무꾼. 나무의 형세를 살펴보다 팽팽한 기세로 꽂혀있는 화살을 보고, 꼬챙이로 쓰면 좋겠다며 힘써 뽑아 허리춤에 꽂았다. 그때도 나무는 신음의 고통을 내지르지 않았다. 아니, 자신 외에 아무도 그 높은 비명을 듣지를 못했다.

* * * *

자나 깨나 신을 만나려는 기도를 열심히 앙모한 어떤 신자. 영안이 밝아져 하늘에 오르는 신비체험까지 하게 되었다. 문자 그대로 물질세상은 보이지 않고, 오직 신과만 소통-동행한다는 신념만으로, 오염물질의 상징인 사람들과도 거리를 두며 황홀감에 도취되어 나날을 보냈다.

어느 날 신자는, 시장기를 채우려 낯선 식당에 들어가 의자에 앉았다. 음식냄새가 뇌를 자극했다. 식탁에 차려진 음식물을 깨끗이 비운 신자는, 자리에서 일어나 깍듯한 인사를 올렸다.

"잘 먹었습니다."

그리고는 곧장 출입문으로 향했다.

그때, 주인장이 그의 앞을 가로 막았다.

"손님, 음식 값을 내셔야지요."

"신께서 내리신 음식 왜 사람에게 내야 합니까? 거듭 융숭한 대접 신의 이름으로 감사드립니다."

"손님, 이 땅은 사람들이 사는 세상이지, 신 따위는 존재하지 않습니다. 어서 돈을 내세요."

"돈? 돈이 뭡니까?"

"이런 돈 말입니다."

식당주인은 지폐 한 장을 흔들어 보였다.

"난, 그따위 종이는 모르오."

* * * *

어떤 노승이 자신을 방문해준 옛 제자들 앞에서 다음과 같은 말로 인사치레를 했다.

"자세가 굽었든, 곱게 뻗었든, 나무는 자신의 본 모습대로 생을 지켜나갑니다. 저울이 물건의 무게를 달듯이, 나의 능력을 제대로 이해하며 아는 것이 인생의 순응이며, 그 뿌리를 어두운 땅속 깊이 묻어둔 자는 장수를 누립니다. 하루하루 과정을 쉼 없이 열심히 산 생장의 보람입니다."

* * * *

어떤 사람이 신의 초상화를 벽면에 걸어 놓고 신당을 차렸다. 그는 매일 아침마다 과일이며 떡을 바치는 제를 올렸다. 그의 지극정성에 감명받은 초상 신이 어느 날 밤 그의 꿈에 나타나 이렇게 타일렀다.

"여보게, 재산 탕진일 뿐이니 제발 그만 두게. 자네가 나를 섬긴다며, 살림 다 털린 가난뱅이 처지로 내몰린다면 나를 원망할 것이 아닌가?"

초판발행/2024/09/02
지은이/김성호
펴낸이/김성호
발행처/성미출판사
편집/교정/교열

전화/02)802-2113(팩스겸용)

출판사등록번호/720-93-00159

주소/서울금천구시흥대로6길35-25(시흥동)2층203호

전자우편/sungmobook@naver.com

홈페이지/https;www.haver.com/sungmobook

구매 및 납본 문의 02=802-2113
ISBN/979-11-93864-03-6
정가/14,000원

저작권법에 의해 보호를 받는 저작물이므로 무단전재와 복재를 금합니다.
잘못된 책은 교환해 드립니다.